# あなたも狂信する

宗教1世と宗教2世の世界に迫る共事者研究

YOKOMICHI MAKOTO

横道誠

太田出版

# あなたも狂信する

宗教1世と宗教2世の世界に迫る共事者研究

# はじめに

## 宗教1世と宗教2世

「「現代用語の基礎知識」選2022ユーキャン新語・流行語大賞」で、ベストテンにランクインした「宗教2世」。しかし残念ながら定義として確立したものはない。そこで私は便宜的に、本書のための定義を設定しておきたい。

一般的には特定の宗教（新宗教のことが多いけれど、伝統宗教のこともある）を信仰する家庭に生まれ、宗教教育を施された信者が、宗教2世と呼ばれる。場合によっては3世信者、4世信者、5世信者なども含む。宗教1世はその親信者のことで、その宗教にみずから入信した人たちだ、と理解されている。

本書では、その通念を少しだけ変形させたい。宗教2世問題は、2世信者として宗教被害を受けたと感じている人たちが、声をあげることで世間に認知された。正確には、そのように声をあげる人たちは以前からたくさんいたのだが、それが社会問題として広く可視化された。だから私は、宗教1世や宗教2世という語を、宗教被害を受けたと考える脱会者に限定するのが適切ではないかと思う。**宗教被害を受けたと考える脱会済みの1世信者と2世信者。**これが本書での宗教1世と宗教2世だ。

また本書での宗教1世については、範囲を拡張している面もある。子信者たる宗教2世の親でなくても、宗教にみずから入信した人を本書では宗教1世と呼ぶ。つまり子どもがいるかどうかは問わない。実質的に本書での宗教1世は、これまで「カルト脱会者」と呼ばれていた人々と同一となる。なぜカルト脱会者と表現すれば済みそうな、子どものいない元信者まで宗教1世と呼ぶのか。それは私が本書で宗教2世のひとりとして、みずからの宗教2世の体験世界を軸として、宗教1世の体験生活を「共事者研究」の対象にしたいと考えているからだ。

共事者研究とは何か。だがそれを説明する前に、本書のねらいを示しておかなくてはならない。

## 内側からの狂信論

本書は宗教1世や、それにつうじる体験を経た宗教2世、つまり2世信者として子ども時代を過ごしたものの、自発的かつ活発に宗教活動にのめりこんだ時期がある2世の体験世界に迫る試みだ。彼らの内側からの感覚をいくつかの項目ごとに切りわけて語り、それを一冊にまとめることで、宗教1世たちの体験世界の集合体――「宗教1世的な世界観」と呼びうるもの――を読者に追体験させることをめざしている。

世間から問題があるとされる宗教に入信する動機については、マインドコントロールの方法に関する本などが出ているが、「内側からの体験世界」はいまなお充分に知られていないように思われる。信者の体験談などを聞いても、「なぜ?」という疑問が解けない人が多いのではないだろうか。そこで本書では、私自身の体験と知識を駆使して、さらには宗教1世や宗教2世たちへの聴きとりをつうじて、**あなたが宗教1世になるとしたら、どのような内発的かつ外発的契機によってなのか**、ということを説明していきたい。

のちにじぶんは宗教被害を受けたと考えるようになる宗教団体に一時はすがり、夢中になり、やがて冷めてゆく過程は一様ではなく、複層的に絡みあっている。宗教学や心理学の専門家は、その過程を料理を完成させていくかのように、順序立てて客観的に、見事に解説できるかもしれないが、そのような説明では読者はどうしても安全地帯から他人事として眺める、という具合になってしまう。宗教1世たちを「愚かでかわいそうな人たち」と位置づけて終わってしまうだけになりかねない。

さまざまな事情を重ねあわせながら説明することで、初めて立ちあがってくる「当事者」の重層的な体験世界がある。線形的な因果関係や論理関係を解体することで、読者はさまざまな事情を頭のなかで再構築することができるだろう。それによって、宗教問題をつうじて、私たちが住まう世界の全体性に対する展望をもたらしたい、というのが本書の目標だ。

『あなたも狂信する』という書名は、世間一般で新宗教やカルト団体の信者になる人は狂信的で、じぶんには無関係だと顔をそむける人が多いことを、念頭に置いたものだ。無関係だと思っているあなただって「狂信」する可能性がある。入信した人には、みんなその人なりの信念や理屈、事情や背景などがしっかりあったということを訴えたいために、この書名を本書に冠することにした。

個々の記述を分断しながら配置したことによって、本書の様式は必然的に断章群の形をとった。断章群の多くはそうだが、おそらく読者は本書から詩的な印象を受けると思われる。その私的なバラバラな情報を同時に成立させようと、読者には頭のなかで奮闘していただきたい。そうすることで当事者たちの世界を主観的に追体験する、ということが可能になる。

## インタビュイーたちとインフォーマントたち

インタビュイー、つまりインタビューに応じてもらった人々を、まずはかんたんな一覧にしておかねばならない。

(1)ジャムさん。エホバの証人1世、五〇代女性。
(2)リネンさん。エホバの証人1世、五〇代女性。
(3)グレーさん。エホバの証人1世、五〇代男性。
(4)ちざわりんさん。エホバの証人2世、四〇代男性。
(5)はるかさん。統一教会1世、五〇代女性。
(6)みほさん。統一教会1世、三〇代女性。
(7)あきこさん。摂理1世、四〇代女性。
(8)ツキシマさん。創価学会1世、四〇代男性。
(9)ネギトロさん。創価学会2世、三〇代男性。
(10)ウリウさん。親鸞会1世、四〇代男性。

エホバの証人は一九世紀のアメリカで始まったキリスト教系の新宗教だ。聖書の内容を文字どおりに守ろうとする原理主義や、世界の終末《ハルマゲドン》が迫っていると解く終末思想などを特徴とする。本部はニューヨーク州ウォーウィックにあり、「統治体」と呼ばれる指導グループを頂点とする世界的な規模の新宗教に成長している。日本では輸血拒否によって長年物議をかもし、最近では子どもへの過酷な体罰(ムチ問題)や忌避の制度(ルールを破ったものへの村八分体制の構築）が社会問題となっている。

統一教会（正式には「世界基督教統一神霊協会」、のちに名を変えて正式名称が「世界平和統一家庭連合」となった。略称「家庭連合」）は二〇世紀の韓国で始まったキリスト教系の新宗教に属する。文鮮明《ムン・ソンミョン》をキリストの再臨と見なし、文による聖書解釈の書物『原理講論』を教義の中心に置く。日本進出に成功し、霊感商法（教団内での呼称は「万物復帰」）、合同結婚式（教団内での呼称は「祝福」）、政界との癒着などによってたびたび社会問題を引きおこしてきた。

摂理は正式名称を「キリスト教福音宣教会」といい、韓国の鄭明錫《チョン・ミョンソク》が二〇世紀に起こした新宗教で、統一教会の教義を参考にしている。鄭は多数の女性信者に対して性的暴行や猥褻行為をおこなっており、国外逃亡や逮捕・収監の前歴もある。

創価学会は二〇世紀の日本で始まった。もとは日蓮正宗に属する信徒団体だったが、現在は破門されている。高度成長期に爆発的に信者を獲得し、日本では伝統宗教を含めてトップクラスの信者数を誇っているほか、長年政権与党となった公明党の支持母体としても存在感を見せてきた。第三代会長の池田大作が絶対的なカリスマとして長年君臨してきたが、信者たちの強引な姿勢が世間から反発を招くことも多い。

親鸞会は正式名称を「浄土真宗親鸞会」といい、日本の仏教勢力のうちもっとも有力な浄土真宗の一派だと主張しているものの、浄土真宗の諸派からは認められておらず、その独自の教義解釈のために異端と見なされている。オウム真理教、統一教会、摂理などと同じく身分を隠して勧誘をおこなうため、カルト宗教として論じられることが多い。

インタビューに先立って、私が主宰する自助グループをつうじて、多くの宗教2世たち、および数名の宗教1世たちと対話を重ねてきた。一連の対話は、個人情報を削除し、参加者たちの同意を得た上で𝕏（旧ツイッター）の公式アカウントに公開してきた。彼ら宗教2世と1世が、インタビュイー以外のインフォーマントと言える。また𝕏上の「宗教2世界隈」（宗教2世たちが形成するクラスターと現実上の人間関係）で日々投下されている宗教2世たちの声からも学んだことは多い。2世のフィルターをとおしてだとしても、宗教1世の内面を推測させる言説に多く触れることができた。最大のインフォーマントは、私自身だ。私には、宗教2世としての固有の体験が蓄えられていて、同じく宗教2世だった妹と弟の体験世界に一定の見通しを持ち、宗教1世の母の内面に関するさまざまな洞察を得ている。そうやって本書では、**狂信に見えるものの内側から体験された真実**を提示していく。

## 共事者研究とは何か

二一世紀になった頃から、日本では「当事者」という概念が広まっていった。中西正司と上野千鶴子の『当事者主権』が記すように、障害者、患者、女性、高齢者、子どもなど、社会的な弱者としてじぶんのことをじぶんで決めるという選択権を奪われてきた者たちが、じぶんたちこそが問題の「当事者」だと発言し、社会変革を進める原動力となった。

この潮流をもっとも象徴するのが当事者研究で、北海道にある精神障害者たちの地域生活拠点「浦河べてるの家」で生まれた。障害や疾患の当事者が、じぶんの苦労の仕組みを仲間たちと共同研究し、生きづらさを減らしていく。私はこの当事者研究を発達障害者向けの、アダルトチルドレン（子どもの頃に家庭が壊れていた人たち）向けの、LGBTQ＋向けの、そして宗教2世の向けの自助グループで実践してきた。それらの活動から得た経験や洞察を本書の執筆にも活用している。だからこの本は「当事者研究」の本でもある。

だが福島復興論の論者として知られる小松理虔は、当事者という概念が、しばしば当事者か非当事者かという分断を生むことに注目し、「共事者」という概念を提示している。東日本大震災と原発事故によって福島を襲った災害について、じぶん自身が被災の当事者でなくても、被災者の問題を我がことのように感じ、無視しておくことができず、募金やボランティアや観光での資金投下など、なんらかの行動を起こした人は多いだろう。その人たちが「共事者」だ。私なりの理解では、これはLGBTQ＋の世界でいうアライと同じものだ。アライとは、性的少数者に属さないものの、彼らの状況に胸を痛め、行動をともにしたり、支援をしたりする人たちを指している。本書を書いている時点で、一八歳から二九歳の若者で同性婚に賛成する人の割合は、すでに八五％を超えたという調査が出ている（『朝日新聞デジタル』二〇二一年三月二二日）。じぶんは同性愛者でなくても、彼らの問題を他人事として突きはなさなかったアライたちの活躍が決定的だろう。

私は宗教2世の当事者なのと同時に、宗教1世の困難に共感し、できるだけの助力をしたいと考えている共事者でもある。この自覚に立脚して、私は「共事者研究」という独自の概念を提唱する。**じぶんがいかなる共事者性を有するかを問題意識の中心に据え、じぶんの固有の当事者性を参照しながら、共事者としてできることを考えていく**というのが、共事者研究だ。

このために、最重要の参照項となるインタビューでは、じぶんや、じぶんがよく知る宗教1世の母、宗教2世の妹と弟に類似点が多い人を多めに選んだ。このあたりがぶれては、共事者研究という研究行為がぐだぐだになってしまう。そこで、エホバの証人1世の女性をふたり、エホバの証人1世の男性をひとり、エホバの証人2世の男性をひとり、インタビューイーとして選んだ。さらにエホバの証人と同じくキリスト教系新宗教にあたる教団から統一教会の宗教1世をふたり、摂理の宗教1世をひとり選んだ。これは考察の中心に置いたエホバの証人の世界観を相対化し、類似の対象と比較する機会を確保することが有益と考えたからだ。しかし、キリスト教系の新宗教だけに考察を限定するのは不当とも考えたため、創価学会1世ひとり、創価学会2世ひとり、親鸞会の1世ひとりにもインタビューによる協力を仰いだ。

なお荻上チキが率いる社会調査支援機構チキラボは、二〇二二年にオンライン上で「宗教2世」問題に関するアンケート調査を実施したところ、全回答者は一一三一名、そのうちトップ3が創価学会2世の四二八名、エホバの証人2世の一六八名、統一教会2世の四七名で、その他が三三五名だったと報告している（荻上チキ編著『宗教2世』、四九ページ）。このデータを参照しても、本書でエホバの証人、統一教会、創価学会の会員が複数ずつ登場するのは、妥当なことだと思われる。これらの教団で、より多くの「宗教被害」が発生していると推測されるからだ。

（注）本書のゲラ作業中に、藤谷悠《ひろき》がすでに彼が「共事者研究」という概念を提唱していると指摘してくれた（「「ひきこもり学」を構想する二人のひきこもり経験者の対話」、二〇二一～二〇四ページ）。内側からの体験世界を考察するものとしての「共事者研究」は筆者の創案によるが、「共事者」の視点を活用した研究というアイディアに関しては藤谷が先行していることを明記しておく。

# 銃撃事件以後に「共事者」を考えた

宗教2世が集まる日本最大のコミュニティは、前述した「宗教2世界隈」だ。このクラスターでは、安倍晋三銃撃事件が起きるまでの数年間、エホバの証人2世からあがる声がもっとも盛んだった。二〇一七年にいしいさやの『よく宗教勧誘に来る人の家に生まれた子の話』（講談社）、二〇一八年にたもさんの『カルト宗教信じてました。──「エホバの証人2世」の私が25年間の信仰を捨てた理由』（彩図社）というふたつのエッセイマンガが刊行されたことが大きかった。それまでも、手記などの体裁でじぶんの体験を残してくれた宗教2世の本は何冊も存在していたのだが、マンガの体裁をとると部数や普及度が異なってくる。宗教2世のあいだでも評判になって、「じぶんもエホバの証人2世だ」と𝕏のアカウントを作って発信する人が増加した。

統一教会2世だった山上徹也が引きおこした安倍晋三銃撃事件が発生してから、様相はガラリと変わった。多くの統一教会2世たちがアカウントを作って発信者となり、また従来から発信してきた人も急激に活発化して、𝕏のスペース機能などを使って語りあいをすることが増えた。マスメディアは「宗教2世」という言葉に注目し、報道にも利用したが、当然ながらこの言葉を嫌う宗教関係者は多く、じぶんの教団に非難が飛び火するのを警戒した。マスメディアも「統一教会2世」という言葉を使ったり、取材対象を統一教会の関係者に限定したりして、「宗教2世問題」がさまざまな宗教団体に内在するという事実に踏みこまない報道を心がけていると感じられた。

この状況下で統一教会2世とは異なる宗教2世たちは、しばしば戸惑いを覚えた。統一教会2世の困難は、じぶんたち宗教2世一般の困難と通底しているものなのに、仲間とも同志とも見なしていた人もいるのに、統一教会2世の問題ばかりが世間で騒ぎの対象になり、じぶんたちほかの教団出身の宗教2世は「部外者」扱いされる機会を何度も体験したからだ。いったいじぶんたちは「当事者」なのか、「非当事者」なのか、と悩まざるを得ない状況が発生した。私もそのように悩んでいたひとりだ。仏教学者の釈徹宗は、状況を改善させるためには宗教に無関心の人であっても、誰もが「自分も宗教問題の当事者である」と自覚する必要があると主張するのだが（島薗ほか『徹底討論！　問われる宗教と〝カルト〟』、一一六〜一一七ページ）、この主張は当事者のひとりにあたる私にもやや無理筋と感じられた。どのようにすれば、じぶんが当事者だと、あるいは部外者ではないと感じられるようになるのだろうか。

そう考えていると私は、ＬＧＢＴＱ＋を対象とした自助グループで交流してきたアライの人々を思いだすようになった。ＬＧＢＴＱ＋の当事者ではないが、理解者として歩みをともにしてくれる人々。当事者に近い場所にいて、問題を共有しようとし、私の自助グループに「当事者ではないんですけれども」と申しわけなさそうにしながら、勉強のために参加してくれた人たち。私は統一教会2世問題をめぐる問題で、宗教2世の当事者として振るまって良い場面のほかに、エホバの証人2世として、統一教会2世の一種のアライとして振るまうことが、より適切だと感じる場面が多いことに思いいたった。

やがて福島復興論で小松理虔が提唱していた「共事者」の概念が頭によぎった。その概念を私は知っていたものの、「当事者」という概念を信奉していた私には、「共事者」は問題の本質に茶々を入れてくるかのような、なんとなく疎《うと》ましいもののように錯覚されていた。そこで私は小松の本を一通り読み、つぎの一節に突きあたった。

> 震災と原発事故もそうでした。この九年間は当事者のリアリティが強く働いた時期でもあったと思います。私たちの苦しみはあなたにはわかるまい。当事者ではない人間は口を出すな。そう言われると、外の人は関われなくなってしまいます。誰かが決めた「正しい関わり」以外の関わり方が排除されてしまうわけです。
>
> 〔中略〕
>
> 自分は当事者とは言えないけれど、事を共にしてはいる。関心はある、気になって見ている。けど具体的にはまだ行動に移せていない。そんな人たちをイメージしています。

（小松理虔『地方を生きる』、一八〇〜一八一ページ）

私は、じぶんが当事者でも専門家でもないのに、他人事とは思えないと感じた対象として、統一教会2世のほかに、エホバの証人教団出身の宗教2世と、さらには統一教会を含む宗教1世の全体を思いうかべた。

宗教1世の孤独。それは深いものだ。宗教2世ならば、幼い頃からじぶんの意志を蹂《じゅう》躙《りん》する形で信仰を押しつけられた被害者として声をあげることができる。しかし1世はじぶんが誤った人だ。信仰を捨てたのちには、自業自得で人生に失敗して苦しんでいる人、子どもがいるならば宗教2世に対する加害者にあたる存在として苦しまなくてはならない。私は加害者（と見なされる人々）の救済こそが鍵なのではないかという思いを抱いた。

そして私が彼らの「共事者」として、どのように関われるかという問題を「共事者研究」として提起すべきだと考えるようになった。本書はその実践として書かれる最初の本だ。これを読む読者の諸君はどう判断するだろうか。私はエホバの証人2世として当事者研究に励んできた過程の上に、宗教1世の世界に迫るために進める共事者研究を構築する。読者がそれをつうじて、**本書から宗教2世の世界にも宗教1世の世界にも迫ることができる**と期待している。

# 構成について

アルゼンチンの作家ホルヘ・ルイス・ボルヘスは「ジョン・ウィルキンズの分析言語」と題するエッセイで、ドイツの中国学者フランツ・クーンが『支那の慈悲深き知識の宝典』で、奇妙な動物分類を示した中国の百科事典の記述を報告していると紹介する。

(a) 皇帝に属するもの、(b) バルサム香で防腐処理したもの、(c) 訓練されたもの、(d) 乳離れしていない仔豚、(e) 人魚、(f) 架空のもの、(g) はぐれ犬、(h) 上記の分類に含まれているもの、(i) 狂ったように震えているもの、(j) 数え切れないもの、(k) ラクダの毛で作ったきわめて細い筆で描かれたもの、(l) など《エトセトラ》、(m) つぼを壊したばかりのもの、(n) 遠くからだとハエのように見えるもの。

(『ボルヘス・エッセイ集』、一四八ページ)

奇想文学に関心がある人にはよく知られているものだが、前近代的な世界観がほとんどシュールレアリスムの世界観に接近している例と言って良い。

この一節は、フランスの思想家ミシェル・フーコーが『言葉と物』で引用したことで、なおさら有名になった(『言葉と物』、一一ページ)。しかし、この引用の真偽は海外で何度も議論されていて、インターネット掲示板などを読んでみると、どうやらボルヘス流のジョークということで決着している。クーンというドイツの中国学者は実在した人で、大家でもあったけれど、『支那の慈悲深き知識の法典』という著作は出版された形跡が見つからない。

なぜ本書でとつぜんこのような話を始めたかというと、「共事者研究」を進める上で、私自身の体験を交えながら宗教1世の世界に迫っていくのだが、その私がどのような個性を持っているのかは、この奇妙な動物分類のようなものを好むということで、最初にわかりやすく提示できそうな気がしたからだ。つまり私は奇想文学を関心の中心に置いている。そして本書を読みすすめるとわかるように、それもまた私の宗教2世としての体験に深く絡みあっているのだ。

本書で扱う項目もこの奇妙な動物分類のようにやってみようかと思ったのだが、それでは宗教1世の体験世界に対してあまりに恣意《しい》的な角度から向きあうことになり、かなり失礼な態度を示してしまうことになるから、そのような形で本書全体を編成することは控え、よりオーソドックスな仕方で本書を構成している。**心理学、社会学、宗教学、経済学などの概念を使いながら、さまざまな角度から宗教1世の体験世界を切りだしていく**という方法を私は選んだ。

目次

第１章

# 真理への欲求と死に対する不安

## ビジネスパーソンと教育系YouTuberファン

私はしばらく前に、複数の大手企業が企画した「ビジネスパーソン向け」を歌った配信動画の収録に応じた。私が著書で訴えてきたニューロダイバーシティ、つまり発達障害の問題を「脳の多様性」として捉えなおす観点が、一般企業でバリバリとしのぎを削りあっている人たちにとっても益するものだと力説した。

もともとは自閉症権利要求運動から生まれたニューロダイバーシティの概念だが、最近では一部の自閉スペクトラム症者がＩＴ産業などで有能な人材になることが注目されていて、それでビジネスの現場でも話題になることが増えてきた、という事情が私への依頼につながった。

サービス利用の対象として設定されている人たちは、おそらく自己啓発書を読むのを好む「意識の高い」人々だろう。私は本業では文学研究という「社会にとってなんの役に立つの？」と疑問視されがちな分野の専門家をやっているし、余暇には自助グループを主宰することで、社会からドロップアウトしかけた人たちに対して、同様にドロップアウトしかけている人間のひとりとして、支援の手を差しのべる活動に打ちこんでいる。だから私は、じぶんの活動が「自己啓発」を好む「ビジネスパーソン」に役立つと考えたことはなかった。むしろおおむね逆向きの活動をやっていると思っていた。しかし、やはり発想次第でいろんなことがビジネスに転用できるものなのだと知った。

文学や芸術を愛してきた私にとって、「ビジネスシーン」とははっきり苦手意識を感じさせるもので、ビジネスパーソンが好む向上心バリバリの自己啓発系の書物なども、おおねむ敬遠してきた。否、はっきり言えば、だいぶ「軽蔑」してきた。プロの研究者だから、世代が異なるということもあるかもしれないけれど、いわゆる教育系ＹｏｕＴｕｂｅｒの剽窃《ひょうせつ》だらけの上塗り知識にも、抵抗を感じることが多い。

とはいえ、自己啓発の本を読むビジネスパーソンにしても、教育系ＹｏｕＴｕｂｅｒの動画を使って短時間で学ぼうとする人々も、「真理」に到達したいという純粋な思いを持っている。なぜ「真理」に到達したいかと言えば、受験に合格したいとか、資格を得たいとか、同僚たちに先んじて出世したいとか、高収入を得たいとかの実用的な動機があることが多いはずだが、「真理」を学びたいという思いそのものは純粋だと私は思う。**「真理」なんてものに関わらずにトクをしたいという人は山ほどいる。「真理」を求める人たちを、どうして軽んじられるだろうか。**私が愛するマルティン・ハイデガーの『存在と時間』やイマヌエル・カントの『純粋理性批判』にも自己啓発本のような要素はあるし、福沢諭吉の『学問のすゝめ』はその企図からして明らかに自己啓発本だが、私にとって魅力的な書物だ。

## 聖書に求めた真理

摂理1世のあきこさんの事例を確認しておこう。あきこさんは、大学四年生のときに勧誘され、五年後の二七歳のときに脱会した。大学ではスポーツサークルでエアロビクスをやっていて、インストラクター的な役割を担っていた。大学でコピー機を使っているときに声をかけられ、雑談の体裁で勧誘が始まった。エアロビクスを教えに来てほしいと頼まれ、同意した。それがきっかけで摂理の信者との接触が始まったが、彼らは正体を伏せていた。サークル活動のつもりで交流し、寝食をともにするようになって、「『聖書』を勉強してみない?」と誘われた。ちょっとずつステップを踏んで、気がついたら信者になっている仕組みだった。

だが、あきこさんはもともとプロテスタント系の高校出身だった。

**あきこ**　『聖書』に対する知的好奇心があったんですけど、実家はキリスト教系じゃないし、高校生には難解で難しかった。それで、いつか理解できるようになるといいなっていう、なんとなくの夢がありました。

**横道**　『聖書』のイメージって、ひとことで言うと、どういう感じでしたか。文字どおり「聖なる書物」でしたか。

**あきこ**　世界でいちばん売れた書物というイメージでした。
**横道**　それで怪しいと感じなかったんですね。
**あきこ**　真理というものがあるとしたら、それは知ってみたいと思って。それから、学校の先生を志望していたんですけど、四年生で受けた教員採用試験が不合格だったんですよね。
**横道**　なるほど、そういう不安定な心理が背景にあった。
**あきこ**　親しくなった摂理のメンバーが、キャリアカウンセリングのようなことをしてきて、受けてみると、生徒たちに何を教えるか、突きつめて考えるべきではないかって思うようになって。
**横道**　まっとうではあるけど、狙いを考えると怖いなあ……。
**あきこ**　就職できなかったことで、さいわいに時間はありましたから。そういう状況でなかったら、摂理に取りこまれることはなかったって、思ってるんです。

摂理では教科書として、別教団にあたる統一教会の『原理講論』が採用されていた。あきこさんはいま振りかえると、摂理は「カルトのパッチワーク」だったと感じる。教団ではまた「ポジティヴ・シンキング」が重視されていた。最初にエアロビクスの講師に誘われたのは、まったくのでたらめというわけでもなく、実態を明かされてからも、スポーツサークルのような雰囲気はなくならなかった。「こんなラフな宗教があるんだ」と思った。いままでに会ったことがないくらい人格的にすばらしい人が多く、その人たちが信じるものを見てみたいという気持ちが強かった。

4LDKのマンションで五人ほどの信者仲間と女性同士で共同生活を送ることになった。家族的な愛情がはぐくまれ、年長者は年少者の世話を焼き、年少者は年長者を慕った。男女交際は禁止されていたが、宗教活動に関する役割を与えられるため、やりがいを感じた。あじぶんはどう生きれば良いのか、と悩む若者をターゲットとして勧誘活動に関わった。あきこさん自身と同じように人生に真剣な人々だ。軽快なノリで活動をしていて、統一教会と同じく「地上天国」の概念はあったものの、そのような言葉は日常的にさほど重要視されていなかった。スポーツや音楽などを楽しむサークル的なノリの延長で活動が展開されていた。

エホバの証人1世のジャムさんも聖書にはあらかじめ良い印象があって、そこに「真理」が書かれているのではないかと期待していた。ジャムさんはいわゆるヤングケアラーで、親との関係が希薄だったことを思いだす。努力をしても幸せにならないんだなと考えるようになり、つねに不安な感覚があって、神のような絶対的な存在があるんじゃないかなと漠然と思っていた。

## 創価学会で人間性を鍛える

創価学会2世のネギトロさんは、二〇代で信仰を持った父母のもとに生まれた。ネギトロさんは現在も脱会してはおらず、学会員たちと最低限の連絡を取りあっているが、もはや本尊に祈ることはない。子どものとき、クラスメイトに学会の関係者はいなかったから、「うちはふつうと違うんだな」という疎外感があった。とはいえ、宗教2世ということで不快な目に遭ったこともないという。創価大学を卒業し、二八歳までは熱心な信者だった。それから三、四年が経つ。

ネギトロさんは、世の中は自己責任論などが強く、厳しい社会だと感じる。創価学会に入れば、「絶対的な幸福境涯」を築くことができると約束されている。ネギトロさんが求めたのは、「真理」を知って、**優れた「人間性」を獲得することだった。**

**横道**　どうして「真理」や「人間性」を求めたんですか。まじめだからですか。

**ネギトロ**　彼女がほしかったからです。

**横道**　目的がはっきりしていたんですね。

**ネギトロ**　現実的な欲望と空想的な発想が混じりあっていたってことは、当時からわかっていました。でも、「まわりまわって縁が生まれる」ことはあるって思ったんです。

**横道**　彼女はできましたか。

**ネギトロ**　できませんでした。

ネギトロさんは、信者集団もありがたいものだと考えた。人当たりの良い人が多い。しかしネギトロさんを別の「真理」が捉えるようになった。日本の多くの宗教団体と同じく、創価学会では一般社会以上に少子高齢化が進んでいる。「この共同体に未来はないのでは」と、ネギトロさんは考えるようになった。きっかけはコロナ禍だ。それまでのような活動ができなくなったことで、いままでとは異なる芸術系のコミュニティと出会うことができた。友人ができて、自信が湧いた。自由な発言をして、何を言っても許されるのは、同じ方向を向いてともに歩んでいく宗教団体ではありえないことだった。創価学会では同調圧力が大きく、名文化されていないルールに縛られてしまう。他人と意見が違っていてもいいんだという安心感に満たされた。非宗教の共同体では、じぶんの意見が尊重されていると感じ、心地よい。ためらいながらも、嘘をついて創価学会での活動を停止した。

## 親鸞会で人生の意味を考える

親鸞会1世のウリウさんは発達障害と診断されている。私自身がそうだったように、社会に居場所を発見するのが難しく、じぶんにぴったりの共同体を求めていた。親鸞会の人々はまじめで優しい人々だったから、ウリウさんの心が捉えられたのも無理はない。

まじめなウリウさんは、若い頃から「真理」を求めていた。大学に合格する前から路上で声をかけられて、「人生の目的について考えたことがあるか」と問われた。「親鸞の教えを伝える『歎異抄《たんにしょう》』を学ばないか」と誘われた。日本の古典の勉強をつうじて、人生の意味を考えるサークル活動なんだと理解した。大学に入ると、熱心に会合に通った。

**ウリウ**　大学に入る前から、**この世の「真理」とは何か、ってずっと考えてました。究極の問題ではないでしょうか。真剣な問いです。それなのに、その問題に真正面から向きあってくれるような人は、私のまわりにはひとりもいませんでした。**いちばん求めていたものを一緒に考えてくれる人たちに、ついに出会ったんです。

八月の合宿に参加して、正体は親鸞会という宗教団体だと明かされた。それまでは「宗教団体じゃない」と嘘をつかれていたから、不誠実だと腹が立った。先輩から「はじめから明かしたら、入ってくれなかっただろう。こちらとしても苦渋の選択だったんだ」と説得が始まった。違和感は消えなかったが、ウリウさんは、信仰の継続を選んだ。親鸞をつうじて仏教の勉強をして、ぜんぜん悪くないじゃないか、と割りきろうとした。親鸞会が出している本を集中して読む生活は、充実していた。大学のなまぬるい授業に興味を失ってしまい、親鸞会の布教活動が生活のすべてになった。

ウリウさんはやがて、親鸞会の講師を務めるまでになっていた。全国を飛びまわって、布教に尽くした。それでも、この教団の正体隠しによる勧誘には釈然としない思いが消えない。方針にしたがって正体隠しはするものの、なるべく早い時点で親鸞会だと明かすことで、可能な限り新しい信者たちに誠実でいようと努力した。

## 真理と共同体

真理への探究を求めて信仰の道に入った1世は多いものの、共同体の存在が彼らをガッチリと確保するのも事実だ。真理と共同体とが、磁力と電力のように両手を結びあわせている。なによりも共同体が重要だった人たちに対しても、真理を学べるのだという期待が信仰を補完していた。

親しい先輩に誘われて入信した統一教会1世のはるかさんは、統一教会には「真理」があるとじぶんに言いきかせた。人間の世界は曖昧だけど、ちゃんと普遍的な真理という確かなものが実在する。入信前から三浦綾子の小説などをつうじて、キリスト教への憧れがあった。だから「神さま」というものへの違和感は湧いてこなかった。「地上天国」のために神さまは人間を創造したんだよ、人間の堕落の根本は、性的な罪だという教義は、心に響くものがあった。これこそ「真理」だと受けいれることができた。

エホバの証人1世のグレーさんが入信したのは、『生命——どのようにして存在するようになったか　進化か、それとも創造か』という副読本に魅了されたからだった。聖書の天地創造に関する記述は科学的真理だ、という教団の主張を強弁する内容だった。いまでは「お粗末な内容」だと感じるのだが、当時は「真理」だと感じられた。しかもじぶんに接してくれる信者たちはきわめて上品で、悪い人たちのように思えなかった。**教団はさまざまな禁止事項を設定しているが、「タバコを吸ってはいけない」や「婚前交渉をしてはいけない」という教えは善の側のものだとかんたんに納得できた。**二〇世紀の終わりが迫っていて、世の中では終末論が流行していた。それを信じたわけではなくても、漠然と影響されていて、「二一世紀は来ないんじゃないか」と感じられた。当時の日本人は宗教に縁がなくても、意外なほど多くの人が、そのような予感を共有していた。

## 私の母が求めた真理

私の母はエホバの証人1世で、現在も熱心な信者でいる。母は高校生の頃、じぶんの父を、つまり私の祖父を亡くして、もう一度再会したいという悲しい願望を捨てられなかった。信じれば楽園で再会できるのだ、とエホバの証人の教義は伝えていたから、それを信じた。**彼女にとって、死は超越されなければならないという教えが「真理」だった。そして、その真理を掲げる「共同体」に取りこまれた。**

また私の母は高学歴の人々に憧れがあり、私の「誠」という名前も彼女のかつての恩師から取られている。じぶん自身は大学に行けなかったが、じぶんの子どもたち、とくに男の子には良い大学に行かせたいという強い思いを持っていた。エホバの証人の教義では、高学歴を積むことは否定的に考えられていて、母親にはさまざまな葛藤があったと推測される。実際には低学歴とはいえ、上品な装いをして、聖書や副読本やパンフレットを携えながら「真理」を説くエホバの証人の信者たちは、母には高学歴の人々につうじる知性を感じさせたのだと想像がつく。

母は、教団の『新世界訳聖書』や副読本が、しっかりした分厚い表紙で装丁されていることをよく称賛していた。書物の世界に憧れがあって、知的な本は上品かつ重厚に装丁されているものだという保守的な観念に、母は支配されていた。ほとんどめくることはないのに、『広辞苑』に魅了されて最新版を入手して家に置いていた。この国語辞典の第一印象は立派なのに、ジャケットが脆くてすぐに破れ、ボロボロの印象になることに不満を述べていた。私が分厚く造本された「愛蔵版」の『仮面ライダー』(石ノ森章太郎)を読んでいると、大いに嘆きの声をあげて、このような分厚い本で中身がマンガなのは書物に対する冒瀆だ、というようなことを口にした。

私の家には経済的な余裕がなかったから、エホバの証人が多くの宗教の拝金主義を批判し、自発的に無理のない金額の募金をするだけで、それらの聖書や副読本を手に入れられる共同体だった事実は、母のこの組織への信頼を強化したはずだ。彼女にとって、この教団はまさに「真理の共同体」だった。

## 「死の真理」に憑かれた私

エホバの証人は「ムチ」と呼ばれる子どもへの体罰を奨励していて、小学生だった私の毎日は暗く塞がり、私は頻繁に飛びおり自殺を検討した。私を死の想念が絡めとり、私はその頃から現在まで一貫して希死念慮に悩まされてきた。自然なことだが、私にとって「真理」は死に関わるものになった。

私がこれまでに接した「死の真理」で、ドイツの哲学者マルティン・ハイデガーよりも私を納得させる説明を与えてくれた人はいない。ハイデガーは人間を「現存在」、その体験世界を「世界＝内＝存在」と呼ぶなど独特の言葉遣いで——それは現在の私には、じぶんにも備わっている自閉スペクトラム症者の「こだわり」を連想させる——死は「現に在ること」ができなくなるという「可能性」だという論理を紡ぐ。

死とは、それぞれの現存在が自ら引き受けざるをえないひとつの存在の可能性である。死ということで、現存在自身が自分に最も固有な在りうべき在り方において現存在自身の目前に迫ってくる。この可能性では、現存在にとってまさに自らの世界＝内＝存在それ自体がとにかく気になる、いわばその存亡が懸かるのである。自分の死とは、もはや現に在ることができないという可能性である。〔中略〕この最も自分固有の、他とは何の繋がりもない可能性、この可能性は同時にまた最果ての可能性でもある。在りうべき在り方なのだから、現存在は、この死の可能性を追い越すことができない。死は、現に在ることが端的に不可能となる可能性である。こうして、死とは、じぶんに最も固有にして、他とは何の繋がりもなく、追い越すことのできない可能性であることが判明する。

（マルティン・ハイデガー『存在と時間』、三七三ページ）

誰であれ、この「負の可能性」としての死から逃げられないという事実から、人間たちは眼を逸《そ》らそうとしていることをハイデガーは鋭く指摘する。

「身近な者たち」はまさに「死んでゆく人」に向かって、なんとか死ななくてもよさそうだ、近いうちにまたおまえが配慮する世界の平穏な日常の中に戻れるからね、と言って聞かせたりする。こういった「顧慮」は、そうすることで「死んでゆく者」を「慰める」つもりでさえいる。当事者本人にとって自分に最も固有で、他とは何の繋がりもなく、追い越すことのできない可能性を、この期に及んでもなお本人の目が届かぬよう隠しおおすのに手を貸してやることで、本人をふたたび現存在の中に連れ戻してやろうというのである。

（同、三七八ページ）

だがハイデガーにとって、「死」はたんに「負の可能性」に留まるのではない。なぜなら死に向きあうことは、じぶんの死はじぶん以外の誰によっても担われることはないという「真理」に直面することを意味するからだ。ハイデガーは、その直面の衝撃によって、日常生活で「頽落《たいらく》」して匿名的な「ひと」になった人間たちは、じぶん自身が「実存」に復帰できると、つまり真理的次元のうちでどのような位相を生きているのかを自覚することができると考えた。だから死は「正の可能性」でもある。

先駆けることで、現存在は、自分が「ひと」自身の中に埋没していることを突きつけられ、もはや配慮しながら顧慮するのを主たる支えとせずに、自分自身であることの可能性に向きあわされる。ただし自分であるとは言っても、それはあくまで死に臨む自由の中で、すなわち情熱的で、「ひと」のさまざまな幻想を脱却し、事実的で、自分自身について確かでいて、しかも不安をもって死に臨む自由、その中で自分自身である可能性、これに向きあわされるのである。

（同、三九七ページ）

青年時代の私は、ハイデガーのこの考え方こそが「真理」だと思った。究極の真理かどうかはともかく、ひとつの求めていた真理だった。私は自殺の可能性につきまとわれつつ、神秘主義的と感じられる体験世界も保持しつづけてきた。**だから神秘的な喜悦を、じぶんがじぶんの死をみずから担うほかないじぶん自身だという自己の固有性と一対のものと考えるようになったのかもしれない。**あらゆる人間は唯一無二のものだということを、宇宙の万物がそれぞれ唯一無二だというイメージで理解し、その壮大さに自己陶酔した。そのようなわけで、私にはハイデガーの「死の真理」が自然に受けとめられた。

ハイデガーの体験世界は、おそらく私とかなり似たものだったのではないか。ハイデガーが一時的にでも熱心なナチス党員だったという事実は、ハイデガーの愛読者や信奉者にとって後ろめたいものになっているが、私にとっては限定的な意味しか持たなかった。人間という種属の限界と愚鈍さもまた、カルト宗教の家に育った、また発達障害者の私にとって、当然の「真理」だったからだ。私はむしろハイデガーの知性の裏側にへばりついた、極端な愚かさゆえに、彼に親近感を抱いてやまないのだった。

私はいまでも「死の真理」を信じている。そして宇宙の万物にしきりに愛情を寄せている。高橋睦郎の詩「無際限の墓」は、私の死のイメージをよく代弁してくれていると感じる。

死んだ彼は焼かれて骨灰になり　海に撒かれた
地球を覆う海ぜんたいが　彼の墓になった
太陽の熱が海水を吸いあげれば　天空も墓
吸いあげた水が雨と降れば　野も山も墓
彼は宇宙になった　否　宇宙が彼になった

（高橋睦郎『つい昨日のこと』、一四一ページ）

# 死への不安と死臭の戦慄

もちろん、私にとってじぶんの死がいつでももろ手をあげて歓待できるものだと言えば、言いすぎになる。死に対して、寂しい気持ちが掻きたてられることは、ごくふつうに起こる。

たとえばロシアの作家アントン・チェーホフの中編小説「退屈な話」を読んでいたときに、死というものの寂しさをくっきり感じた。死期が迫った老人ニコライ・ステパーヌイチの物語だ。

わたしたちは野原を行き、それからわたしの窓から見渡せる針葉樹の森を行く。自然はわたしには相変わらずすばらしく、だが悪魔が耳もとでささやくのだ——こういう松の木、樅《もみ》の木、小鳥たち、空に浮かぶ白い雲もみな、三、四カ月もしてわたしが死んだときには、人ひとりいなくなったことなど気づきもしないだろう、と。

（アントン・チェーホフ『六号病棟・退屈な話 他五篇』、三四一ページ）

わたしはあわてて灯《ひ》をともし、水差しから直《じか》に呷《あお》ると、開け放した窓辺へ駆け寄る。外は申し分のない天気だ。乾草と、まだほかに何かいい匂いがしている。小庭の柵のぎざぎざと、窓辺の眠たそうなひょろりとした木々と、道と、黒い森の帯とが見える。

空には穏やかな、この上なく明るい月が掛かっていて、一点の雲もない。ひっそりとして、木々の葉ひとつそよがない。万物がわたしを見つめ、わたしの死に行くけはいを窺っているかのようだ……。

（同三四七ページ）

コロンビアの作家ガブリエル・ガルシア＝マルケスは、「巨大な翼をもつひどく年老いた男」という短編小説で、カニの死臭が漂う浜辺のぬかるみでもがく巨大な翼を生やした老人を描写している。

雨が降り始めて三日経つと、家の中で退治したカニの死骸があまりに増えてしまい、ペラーヨは水浸しになった中庭を横切って、海に捨てに行った。生まれたばかりの男の子の熱が一晩中下がらないのは、死骸が放つ悪臭のせいらしかったからだ。火曜日以来、どこもかしこもが陰気臭かった。海も空も灰色で区別がつかず、三月には火の粉みたいにきらめく浜辺の砂も、腐った魚介類と泥の入り混じったスープと化していた。カニの死骸を捨てに行ったペラーヨは、戻ってくる途中、中庭の奥で呻きながらうごめくものを見つけた。だが真昼なのに光がひどく弱々しいせいで、それが何であるかなかなかわからなかった。すぐそばまで寄ったとき、ようやく判明したのだが、それは年老いた男で、ぬかるみに突っ伏し盛んにもがくものの、巨大な翼が邪魔をして、いっこうに起き上がれずにいるのだった。
（ガブリエル・ガルシア＝マルケス『純真なエレンディラと邪悪な祖母の信じがたくも痛ましい物語』、一三六ページ）

**これらの場面を読むと、死臭の戦慄を感じながら、全身の毛穴が開いていくのを感じる。**

## 神に滅ぼされる恐怖

今回のインタビュイーたちに、死の不安がきっかけになって入信したという人は少なかった。ただし、そういう人はなかなか脱会に至らず、ゆえにインタビュイーとして私につながらなかった可能性も高い。脱会すれば、楽園、極楽、永遠の命、輪廻転生などの希望を失うことになる。そんななかでエホバの証人2世のちざわりんさんは違った。彼はもとは宗教2世だったものの、宗教1世のように積極的に宗教活動に携っていた時期を持ち、その動機が死の不安にあったと語る。

ちざわりんさんが五、六歳のときに、母親はエホバの証人に入信した。宣教活動を強制されるようになり、野球部の部活を認めてもらえなくて、首を吊ろうしたことがある。大学に入れば宗教から離れられると考え、勉強に身を入れた。中学に入ると教団の集会に行かなくなって、内緒で部活をやるようになった。中学三年生の初夏、学校の不良たちから集団暴行を受けたことが転機になった。体が大きいのに情けないと感じ、教師にも親にも相談できなかった。ちざわりんさんの様子から事情を察した母が、集会に行ってみないかと誘った。**久しぶりに訪れた集会では、信者たちが熱烈にちざわりんさんを歓迎してくれた。ちざわりんさんは「救われた」「ここがじぶんの居場所なんだ」と考え、感動した。**

マインドコントロール論の分野で「ラブシャワー」と呼ばれる効果に落ちたのだ。

以来、ちざわりんさんは五年のあいだ敬虔かつ熱烈なエホバの証人だった。組織の内部で活躍し、じぶんほど情熱的な信者はいないと自負するほどだった。だが、ちざわりんさんの根本にある動機は、集団暴行の際に感じた死の恐怖だった。

**ちざわりん**　死にたくないって強く念じたことが、教団側の終末に関する予言と結びついて、「滅ぼされたくない」という思いがふくらんだのだと思います。

**横道**　よくわかる心理です。

**ちざわりん**　邪悪な人々が滅ぼされて、善良な人々は楽園で永遠に生きるという教義は、まったくそうあるべきだと思ってしまった。完全に信じて良い「真理」だと感じました。

**横道**　ふむふむ。

**ちざわりん**　高校生になって、洗礼《バプテスマ》を受ける前に、長老（会衆のリーダー）からどういう気持ちでの洗礼かって確認されたんですけど、私は「ハルマゲドンで滅ぼされたくないからです」って正直に言っちゃって。

**横道**　（笑）

**ちざわりん**　いや、バプテスマはそういうことじゃなくて、神への愛にもとづいて受けるものだから、ってたしなめられましたね。

ちざわりんさんは母親に対して、「真理に導いてくれてありがとう」とすら感謝していたが、二〇歳のときにまた転機が訪れた。教団を批判する世間の書物は禁書扱いにされていたが、ちざわりんさんは「じぶんくらいゴリゴリの信者なら反駁《はんばく》できるはずだ」と自信を持って、読んでみることにした。そこにあったのは、教団の怪しげな出自や、教義の一貫性のなさの指摘だった。ちざわりんさんは、じぶんの信じてきた教団が「真理」から遠いところにあることを知ってしまう。混乱して、書かれてある内容をじぶんたちの教義と詳しく比較するために、東京に出かけて、現在は閉館してしまった「聖書図書館」で調査してみた。そしてちざわりんさんはじぶんが所属している教団が、教団内で喧伝《けんでん》されるような「まことの神の組織」ではないと考えるにいたった。ちざわりんさんは二〇歳で教団を抜け、自暴自棄になった。

私は「神に滅ぼされる恐怖」を感じたことがないつもりだったが、あるときついに「ハルマゲドン」が訪れて、「エホバの証人の教義は真実だったのか！」と驚愕する夢を見たことがある。それで私は、この教団に敵対するようになったことで、じぶんが「万が一の可能性」を考えて、内心では不安に思っていることに気づいてしまった。イタリアの作家ディーノ・ブッツァーティの短編小説「この世の終わり」を読んだときに、それはまさに私の見た夢の光景を再現する内容だと感じた。

この作品では、とてつもなく大きな握りこぶしが町の上空に現れ、手を開いてから、動かなくなる。神が出現し、世界が終わる約束の時が来たのだ。人々は恐怖に囚われ、年若い司祭のもとに殺到し、告解して罪を償おうとする。群衆から世界の滅亡まで残り一〇分だ、いやもう残り八分だといった絶望の声があがる。司祭は人々に対応しながら、じぶんの救済に関してはどうなるんだとうろたえる。


「それで、私は？　私はどうすればいいんだ？」

千人は下らない数の、懺悔を請う天国に飢えた者たちに向かって、司祭は問いかけた。だが、一人として司祭に構う者はいなかった。

（ディーノ・ブッツァーティ『神を見た犬』、三七四ページ）

私の不安が大きいものだとは、思わない。しかし、小さなトゲのような心細さは、私の心に刺さったままなのだ。そのトゲが私の理性のかけらというわけではなく、暴力によってなされた洗脳が残したものだとしても。

## ベランダの少年から台所に立つ中年男性へ

子どもの頃、夜になって自宅のベランダに閉めだされると、そこから飛びおりるかどうか悩んだ。頭から落ちて頭蓋が砕け、即死できればハッピーエンディングだが、首から下が動かないまま何十年も生きる、という結末になっては後悔ばかりの人生になるだろうと考え、決行することができなかった。

家庭内暴力のサバイバーたちは、暴力を振るわれているあいだはフラッシュバックが起きないと聞いたことがある。時間が経って、安心できる環境に落ちついて、初めて凶暴な侵入的想起に襲われることになるそうだ。おそらく暴力の渦中に巻きこまれているあいだは、死を身近に感じることで、生存本能が高まってフラッシュバックが当事者を占有するのを阻止しようとする防衛反応が起動するのではないか。

私も実家を出てひとり暮らしを始めてから、つまり**安心できる生活が始まってから、毎**

**日何度も「地獄行きのタイムマシン」に乗りこむことになった。**いまでも私は台所で料理をするたびに、手に握っている包丁を一思いに首筋にズブリと突き刺すかどうかを思案する。まだ実行していないが、そのたびに私はじぶんが死に直面していると感じ、ハイデガーが主張したようにじぶんの固有性が、すべての人と同じくかけがえのない唯一のものだという考えに立ちかえるのだ。

第2章

# 世界が公正なものであってほしいという思い

# なぜ世界は公正ではないのか

日本では伝統的にインド哲学や仏教に由来する「因果応報」とか「自業自得」といった言葉が知られてきた。キリスト教圏でも、『聖書』の「ガラテヤ書」で、人はじぶんで蒔《ま》いた種をじぶんで刈りとることになると語られている。いずれもこの世界ではしかるべきしかたで報いを受けるという考え方だ。

「思い当たることは何もやっていない」と抗議する人たちを黙らせるために、東洋では「現世ではなくて前世の報いだ」という卑劣な論理が編みだされるようになった。西洋では『聖書』の「ヨブ記」をつうじて、それはその人の信仰心が足りなかったからだ、という同様に卑劣な論理を生みだしている。

人の言動に対して、公正な結果が返ってくるものだという考え方は、心理学の世界ではひとつの「認知バイアス」、つまりものごとを把握する上での偏見として知られており、「公正世界信念」と呼ばれる。あらゆる正義は最後には報われる、あらゆる邪悪は最後には罰せられると信じることだ。現在の日本では自己責任論が蔓延《まんえん》し、誰かの失敗はその人がすべて負うべきと主張する人がたくさんいるが、これも公正世界信念のひとつの表れと考えることができる。たとえば夜道で強姦された女性がいれば、そんな時間に女性がそんな格好でひとりで歩いていたからだ、といった「被害者非難」がなされる。実際には責任は当然ながら加害者にあるのに、悲しいことに被害者自身がこのひどい論理を内面化して、じぶんのせいだったと考えてしまうことは珍しくない。

宗教1世と対話していて、私は、彼らは公正世界信念を素朴に信じているというよりも、世の中が公正なものだと信じたいのに、そうとは思われない場面に出会って絶望した人たちが多いのではないか、と感じるようになった。まじめに生きていれば、ふだんのおこないが承認され、公正に評価されたいと願うのは当たり前のことだ。罪を犯していない周囲の優しい人々が、どうか最後まで幸せに生きていってほしいと願うのは、まったく正当な願いだ。世界とはそういうものであってほしいと期待する人がたくさんいることは、けっして不思議ではない。それなのに、要領よく生きているふまじめな者が、「おいしい思い」を堪能する場面は多々ある。悪が正義に勝ったと感じさせる事例は事欠かない。だから「本来の世界」としての「公正世界」を回復しなければならないと、思うようになる。公正ではない現状の世界を否定し、公正世界信念を保持したいというこの心境を表すべく、私は「**公正世界コンプレックス**」という新たな概念を提唱したい。

「こういう世界はまちがっている」「じぶんの人生はほんとうはこうではなかった」と納得できないでいると、宗教団体からの誘いが心に迫ってくる。典型的には、以下のように勧誘される。

あなたはちゃんと報われる。なぜなら私たちが信じている究極の存在は、あなたのことをちゃんと見ておられるから。あなたの人生がこのままでいいなんて、そんなことはあるはずがない。あなたたちのように苦闘している人が見捨てられて良いはずがない、私たちの宗教を信じれば、あなたこそが、そしてあなたたちこそが、ほんとうに幸せになるのだということが、今世では苦しい状況にあるとしても、来世ではいちばん幸せになるのだということが、ちゃんとわかるはずです。

## 公正世界を求めた信者たち

エホバの証人1世のグレーさんは、建築を学ぶ大学生だった。エホバの証人の輸血問題のことは知っていたが、さしたる関心事ではなかった。身辺では、当初は女性の友人からじぶんがそうだと耳にしたものの、やはり興味を感じることはなかった。

だが、ある男性の友人がみるみる品行方正になっていくのに驚き、事情を尋ねてみると、エホバの証人の教義に関する「証言」を受けた。オウム真理教による事件が大騒ぎになっていなかった一九八〇年代は「新宗教ブーム」の時代で、宗教は既成の価値観を刷新する可能性を持ったもの、つまりオルタナティヴな対象だという言説が流布していた。グレーさんにも、宗教が悪いものだとは思えなかった。それで二一歳のときに「研究生」、つまり正式な信者となるべく準備する立場を選んで、それから二年くらいで洗礼《バプテスマ》を受けた。

グレーさんはなぜ「公正世界」を希求したのか。

**グレー**　入信の背景にあるのは、ある事件なんです。大学の女性の友人が性被害を受けて。加害者になったのは私の知人だった。それで世の中に絶望を感じて、こんな悪い世界がなくなってしまったらいいのにっていう思いが強く生まれました。エホバの証人の教義を信じれば、その夢が叶うって言われました。

同じくエホバの証人1世のジャムさんも公正世界コンプレックスを強固に持っていた。彼女は、日本の女性は他者を支えながら生きるべき、という家父長制的世界観のなかで苦しんでいるという点に注意を促す。「じぶんさえ我慢すればいいんだ」と思っている女性は多い。ジャムさんは、「報いがどこに来るのかわからない」という感覚を抱きながら満たされない結婚生活に耐えた。報いはいつ来るのだろうか。聖書の「じぶんで蒔いたものはじぶんで刈りとる」という教えが救いになった。じぶんたちが努力するのは間違っていない、最後の裁きは神がちゃんと果たしてくれる、と思った。つらければつらいほど、それだけ神に愛されているのだと感じるようになった。信者仲間には、家族をつぎつぎに失う不幸に見舞われた人もいた。しかし、それでも神を信じていると語るのを聞いて、感動した。

創価学会2世のネギトロさんにも、公正世界コンプレックスがあった。いちばん苦労した人が、いちばん幸福になる権利があると教えられていたので、そのとおりだなと思っていた。だが、実際には信仰していても報われないと感じる場面は稀ではない。うまく仕事にありつけず、就職浪人をしたときがそうだった。ネギトロさんは「公正世界」を信じようとし、「もっとお題目を唱えよう」と思った。その後も報われないと感じるたびに、信仰をやめようかと悩んだ。それでもまわりの信者たちに励まされると、「もう一回だけがんばってみよう」と気を取りなおした。就職後、数年がかりでシステムエンジニアとしてのキャリアを築くことに成功し、これは信仰の成果だと確信するようになった。

親鸞会1世のウリウさんも、公正世界コンプレックスは強力だったと語る。じぶんはもっと評価されるべきだという思いもあったが、社会全体の仕組みそのものがおかしくて、多くの人が不幸になっているとも思っていた。テレビでニュースを観ると、義憤に駆られた。宗教活動に没頭するようになる下地は整えられていたのだ。

## 誘導されて、自己の成長のために

はるかさんも、やはりこの世界はまちがっていると感じていた。この世はけっしてうまく行っていないということが、教団では濃淡をつけて、じっくり説明される。教義に取りこまれ、はるかさんは統一教会1世として新たな生を得た。

みほさんは同じく統一教会1世だが、世の中は正しくないという考え方は、はるかさんとは逆に持ちあわせていなかった。教団の信者たちが、世界は人間を喜ばせるために作られたけれど、人間の側が堕落してしまったから、**救済して公正な世界に戻さなければいけないと説明するのを聞いているうちに、じぶんでもそう思うように誘導された。**

摂理1世のあきこさんは、摂理ではたしかに公正世界コンプレックスの強い人が残りやすいとは思う、と留保する。

**あきこ**　でも、ただただ寂しくて残る人が多いのも事実です。仲間たちと本音で話せる場所を失いたくないっていう切望がありました。それから摂理はキリスト教系とは言っても、神の裁きを強調する宗教ではなくて、じぶんたちの精神的成長が眼目ということに特徴があります。

この世は「サタンの世」だと説くエホバの証人の教義は、公正世界に惹かれるリネンさんにとって納得しやすいものだったが、じぶんが入信した直接の原因は親との関係の悪さにあったと自己分析している。親子関係のひずみを他者との関係でも反復し、人間関係が円滑にならないことを苦悩する日々だった。

## 運命の転換をめざして

ツキシマさんは、三一歳で結婚した妻に勧められるかたちで、創価学会1世になった。若い頃の妻はいわゆる「恋多き女」だった。ツキシマさんより年下に見えたものの実際には三歳年上で、ツキシマさんはじつに五人目の結婚相手ということだった。妻には連れ子の娘が付きそっていた。ツキシマさんのほうは初婚で、以前には女性経験がほとんどなかったが、その初々しい印象が、男慣れした妻の好意をむしろ買っていた。妻は創価学会2世で、信仰心がない時期もあったものの、当時は熱心に活動していた。

じぶんに自信が持てないまま生きてきたツキシマさんは、じぶんには出来すぎた妻を得たことで、人生を「転換」したいという思いを強くした。妻のことを理解したくて、彼女が読んでいる『聖教新聞』に眼を通すようになり、創価学会の会合にも参加しはじめた。

**ツキシマ**　結婚生活が始まってから半年後に結婚式を開いたんですけど、その翌日、式のことで妻を傷つける発言をしてしまったんです。それで急遽、離婚の危機になってしまいました。**悩んでいると、創価学会の「宿命転換」の教えが頭で活発に**

**動きだしました。「人の命の傾向性」を変えることで、別の運命へと変革することができるという考え方です。信心すれば、それが実現する。私はこれだ！　とすがりつきました。**

ツキシマさんが求めたのは「公正な世界」ではなく「公正な宿命」だった。「あなたも必ず変われる」という謳い文句に惹かれて、創価学会に正式に入会届を出した。そうして一二年間の信仰生活が開かれた。

同じく創価学会から距離を置いた元信者でも、ネギトロさんの場合は、婚活がうまく行かなかったことで、「この世界はまちがっている！」という考え方に染まってしまった。信仰に励めば現実を否定したい気持ちが和らいだし、ビギナーズラックにあたる「初心の功徳《くどく》」はなかったものの、日々参加した男子部の集会が心地よかった。なんとなく溶けこめないところはずっとあったけれど、それがかえってほど良い距離感とも感じられた。

ネギトロさんもツキシマさんと同じように「宿命転換」をめざした。いまの人生で良くないことがあるのは、過去世で犯したことの結果だと教えられた。それを今世で変革していく。いま振りかえれば、じぶんが体験した日々は自己啓発セミナーに近いと思われてくる。

## 公正世界信念の解除方法

ちざわりんさんは、ふだんからよく「公正世界」という言葉を口にする。信仰を保持しているあいだ、「報われた」という実感よりは、「報われるだろう」という期待が心の支えになっていた。いまは良いことはないかもしれないが、伝道に行ってもひどい対応をされ、つらい目に遭うが、いつかは果報となって返ってくるのだと必死に信じようとした。エホバの証人をやめたが、「公正世界信念」はちざわりんさんに確固と付着した。

**ちざわりん**　教団は高等教育を否定し、布教に専念するようにと推奨していますから、大学には行きませんでした。それであとから放送大学に通って、資格をとることでキャリアを形成しました。必死に努力していても、どこかのタイミングで悪いことは必ず起きます。たとえば納得できない人事異動を経験したときに、どうしてこうなるんだと思いました。じぶんが悪いことをしていたから、そういう目に遭ったんだって、思ってしまった。これは聖書の考え方の影響でした。

二八歳で介護支援専門職として事業所の管理者になったとき、心が深く満たされるのを感じた。成功体験に興奮し、「真面目にやっていれば、やはり報われるんだ」と思ったのだ。でも報われようとして、がんばればがんばるほど、心と体に負担がかかり、やがて鬱状態になった。

ちざわりんさんはいま、じぶんに染みついてしまった公正世界信念から脱出しようとあがいている。それは正しいおこないをすれば報われるという聖書の教義を引きずっているだけだと考えているからだ。戦争、災害、犯罪など、説明のつかないことが起きた際に、被害者がじぶんのせいだと思ってしまうと、トラウマが癒せなくなる。ちざわりんさんは公正世界信念を解除するには、ソクラテス問答が有効だと語る。**「ほんとうに、その考え方で正しいでしょうかと問い、さまざまな角度から疑問を投げかけつづけることで、公正世界信念の矛盾に突きあたり、それが誤った信念だと理解できるようになるのです」**。

## 最善世界ではなく最悪世界

公正世界信念の親戚にあたる概念として、ドイツの哲学者ゴットフリート・ヴィルヘルム・ライプニッツが唱えた「最善説」がある。これはパラレルワールドのような可能世界を想定し、それらのすべての世界のなかで、私たちがいる世界こそが、さまざまな苦難や不幸にもかかわらず、相対的に最善のものだと考える思想だ。ライプニッツはこの考えに立って、キリスト教の神による天地創造を善と見なした。

だがフランスの哲学者ヴォルテールが、『カンディード』でこの「最善説」を効果的に風刺した。主人公の青年カンディードは家庭教師のパングロスに最善説を吹きこまれたが、彼が現世で経験するのはありとあらゆる不幸だった。旅先で再会した師から、領主の娘で愛する相手のクネゴンデが死んだと聞いて、カンディードは気絶する。パングロスが古い酢を気つけ薬に使ってカンディードの意識を回復させると、つぎのような場面が展開する。

「クネゴンデが死んだ。ああ、最善の世界って、いったいどこにあるんだ。しかし、姫はどういう病気で死んだんですか。まさかぼくが姫の父上からしたたかに尻を蹴られて、あの美しい城から追い出されるところを目撃したせいではないでしょうね」
「いや、そうじゃない」パングロスは答えた。「姫は、押しこんできたブルガリアの兵士たちに強姦され、さんざん辱められたあげく、腹を切り裂かれたのだ。姫を守ろうとなさった殿も、頭を叩き割られた。奥方はあの体をぶつ切りにされた。私のもうひとりの生徒、あの若殿もかわいそうに妹と同様、兵士たちに辱められて殺された。城はすっかり崩れはて、石の上に残った石はひとつもない。そこには納屋ひとつ、羊一匹、あひる一羽、木の一本も残っちゃいない。しかし、ちゃんと仇はとってもらったぞ。アバリアの兵士たちが、となりのブルガリア領内で、同じようなことをしてくれたからだ」

この話を聞いて、カンディードはふたたび気を失った。

（ヴォルテール『カンディード』、二四ページ）

最善説を堅持するパングロスも、不幸によって片目を潰されてしまっているが、「個々の不幸が全体の幸福をつくりだす。ゆえに、個々の不幸が多ければ多いほど、ますます全体が幸福なのです」と屁理屈を言って考えを曲げない。

私がこの作品をこよなく愛するのは、「最善説」を嘲笑したいからというよりも（いまの時代にそんな信念を奉じることは困難だろう）、この作品が私たちの生きる世は不幸まみれだという私なりの「真理」を十全に代弁してくれるからだ。心理学の世界では、認知行動療法が「すべてはあなたの捉え方次第で変わる」と教えるが、私はそのように語る人々は体験した不幸の質と量が足りていないとしか思わない。

**私もまた「公正世界コンプレックス」を抱き、こんな世界はまちがっていると思っている。**だから私は宗教1世たちが宗教に救いを求めた気持ちを、ほとんど私自身の思いと同じものとして共有している。

第3章

# 共同体を求めて

# くたくた枯野

発達障害者として、アダルトチャイルド（アダルトチルドレンの単数型）として、LGBTQ+として、そして宗教2世として、私が生きてきた人生は、あちこちで荒廃の風景を展開するものだった。苦しい実体験と、心的外傷《トラウマ》と、それらが起こした解離が私の人生に併走した。解離とは、心が体から離脱し、現実と幻想が混交する現象で、私は幽体離脱の感覚をほとんどすべての時間で感じながら生きている。現実と空想が混じりあっている様子を描いた創作物に自然に惹かれるようになった。極端だったり、超現実的《シュールレアリスティック》だったりする作品群。しかも、**濃厚な影を感じさせる世界観を宿した創作物でなければ、どうしても納得できない**。明るいばかりの創作物は多方向からの影によって刺しつらぬかれながら生きている私を否定するように感じてしまうからだ。

ある時期には、心が塞《ふさ》がるとイギリスの民謡集『マザー・グース』をよく読んでいた。そこに収められた「みんなくたくた」という民謡では、つぎのように謳われる。

おれたちみんなくたくたさ／だってダイヤが切り札さ／セント・ポールに猫は発つ／赤ん坊たちは噛みつかれ／空の上では月が荒れ／壁がないのに家が建つ

（和田誠訳『オフ・オフ・マザー・グース』、八四ページ）

言語の英語での言葉遊びが肝だから、日本語にするとたんに意味不明だが、その破綻した雰囲気が私の心を慰めてくれる。最近初めて知ったものでは、久保田万太郎のつぎの俳句が心の琴線に触れた。

一句二句三句四句五句枯野の句

（『久保田万太郎俳句集』、五二ページ）

## Sさん、ホーフマンスタール、サルトル

二〇代の頃、じぶんの荒廃した精神世界を持てあましていた私は、統合失調症に関する本をよく読んでいた。「精神分裂病」という従来の異様にまがまがしい響きの名称が改められてまもない頃だ。渡辺哲夫は『知覚の呪縛』で一九八〇年代に五〇代だった「分裂病」女性患者のSさんが語った内容を報告している。彼女によると、私たちの世界は「ワラ地球」、人々は「ワラ人間」になってしまった。その世界を脱出するための「オタカラ」（お宝）を獲得するために、Sさんは二、三メートルの円を描いて歩きまわる「トグロ巻き」に耽る。渡辺が「オタカラ」について尋ねると、Sさんは答える。

何でもかんでも、何でもかんでも。本当の地球の、オトチ〔筆者注――「お土地」のこと〕の出来事……こういう物（診察机や机上のボールペンに触れながら）、ワラがあることがオササエ（お支え）なんです。……トグロ巻いていると、オササエしてますから、ナクナサナイ（無くなさない）です……。かき集めるんです、速くトグロ巻くと沢山集まってきます……。そうすると、ワラ地球みたいなものが、かき集まってくるんです。私のまわり、周囲全体に。……何でもかんでも渦巻いて集まってくるんです。……ワラ地球でワラ、オトチでオタカラ。トグロ巻くってのは、オタカラを釣るってことです。

（渡辺哲夫『知覚の呪縛』、五五ページ）

私は自閉スペクトラム症（ASD）と注意欠如・多動症（ADHD）を診断されていて、これらは先天的な障害だ。これに加えて、（自己診断なのだが）宗教2世としての虐待経験から複雑性PTSDが発症していると考えている。統合失調症に付随する幻聴や妄想はまったくないものの、つねに「解離」し、すなわち心身のなかばが幻想世界に没入しているので、Sさんの世界観は私の体験世界とは似ていないはずなのに、その暗い非現実感ゆえに、心からの親近感を寄せてやまないものだった。

私にとって、オーストリアの作家、フーゴー・フォン・ホーフマンスタールが書いた「手紙」という短編小説も、身近に感じるものだった。書き手として設定された貴族のチャンドス卿は、じぶんのかつての円満な体験世界とそれを伝える言葉が崩壊したと訴える。

手短に言えば、当時の私は、一種の持続した陶酔状態にあって、存在全体が大いなる統一のように見えていたのです。
〔中略〕
こんなにもふくれ上がった傲慢から、私の精神は極端な小心と無力感へとしぼんでしまい、このところ私の内面は、ずっとそのままの状態です。
〔中略〕
私の場合、つまり、どんなことであれ、関連づけて考えたり話したりする能力が、すっかりなくなってしまったのです。
〔中略〕
なんらかの判断を表明するためには、当然のことながら舌にのせざるをえない抽象的な言葉が、私の口のなかで腐ったキノコのようにぼろぼろと壊れたのです。
〔中略〕

気のおけない月並みな会話のときでさえ、普段ならあっさりと夢遊病者でも確実に下せる判断が、私には、どれも怪しいものに思われるようになったので、その種の会話に加わることは断念せざるをえませんでした。

私にはもう、ものごとを単純化する習慣の目で見ることができなくなってしまった。すべてが解体して部分に分かれ、その部分が解体して、さらに部分に分かれて、ひとつの概念ではなにひとつカバーできなくなったのです。ひとつひとつの言葉が私のまわりに漂っていました。

（フーゴー・フォン・ホーフマンスタール『チャンドス卿の手紙／アンドレアス』、一四～一九ページ）

この作品を初めて知った二〇代前半歳の頃、『知覚の呪縛』のSさんほど悪夢的光景が深くないところに、私の精神状態との近さが感じられて、うれしかった。さらには、ホーフマンスタールがこの短編小説で神秘的な喜悦の時間を語ることにも、私は惹かれた。私は幼いころからこの感覚にしばしば襲われることがあって、それに解明の光を当てたいとずっと考えていたからだ。チャンドスの語りを見てみよう。

生き生きしたうれしい瞬間が皆無というわけでもありません。そういうすばらしい瞬間がどういうものなのか、お伝えすることが、私には簡単ではなくなったのです。またもや私は言葉に見放されています。というのも、そういう瞬間、高次の生が満潮になり、私の身のまわりにある日常的な対象を器のようにして、満たすわけですが、その日常的な対象というやつが、まったく無名のものであり、ほとんど名づけるに値しないものだからなのです。私の話は、具体例がないと理解していただけそうにありません。馬鹿ばかしい例ですが、どうかご容赦ください。たとえばそれは、如雨露《じょうろ》であり、畑に置き去りにされた馬鍬《まぐわ》であり、日向ぼっこをしている犬であり、みすぼらしい教会墓地であり、からだの不自由な人であり、小さな農家です。これらすべてが、私にとっては啓示の器となる可能性があるのです。

(同、二〇〜二一ページ)

文学研究の世界では、このチャンドスの精神状態は「言語危機」と呼ばれ、その啓示的瞬間はエピファニー(超自然的洞察)と呼ばれている。私はさまざまな文学作品に同じ記述を見て、「これこそ私がいちばん解明しなくてはならない問題だ」と信じるようになった。たとえばフランスの思想家ジャン゠ポール・サルトルは、『嘔吐』で似たような体験を書いている。

さて、いましがた、私は公園にいたのである。マロニエの根は、ちょうど私の腰掛けていたベンチの真下の大地に、深くつき刺さっていた。それが根であることを、もう思いだせなかった。言葉は消え失せ、言葉とともに事物の意味もその使用法も、また事物の表面に人間が記した弱い符号もみな消え去った。いくらか背を丸め、頭を低く垂れ、たったひとりで私は、その黒い節くれだった、生地そのままの塊とじっと向いあっていた。その塊は私に恐怖を与えた。それから、私はあの天啓を得たのである。〔中略〕最近まで、〈実存する〉とはなにを意味するかを、絶対に予感してはいなかった。私は他の人びとと同じだった。晴着を着て海辺を散歩している人びとと同じだった。私も彼らのように、「海はみどりで〈ある〉、あの空の白い点は鷗で〈ある〉」と言っていた。しかしそれが実存していること、鷗が〈実存する鷗〉であることに気づかなかった。普段、実存は隠れている。実存はそこに、私たちの周囲に、また私たちの内部にある。それは〈私たち〉である。実存について語らずにはなにひとつ言い得ない。しかし結局、実存に手を触れることはできないのである。〔中略〕一挙にそれはそこに、きわめて明瞭にそこにあった。実存はふいにヴェールを剝がれた。それは、抽象的範疇に属する無害な様態を失った。実存とは、事物の捏粉そのものであって、この樹の根は実存の中で捏《こね》られていた。と言うか、あるいはむしろ、根も、公園の柵も、ベンチも、芝生の貧弱な芝草も、すべてが消え失せた。事物の多様性、その個性は単なる仮象、単なる漆にすぎなかった。その漆が溶けて怪物染みた、軟くて無秩序の塊が——怖ろしい淫猥な裸形の塊だけが残った。

（ジャン＝ポール・サルトル『嘔吐』、二〇八〜二〇九ページ）

ホーフマンスタールが「言語危機」の問題として、サルトルが「実存」の問題として提出した心理状態は、心理学の世界でゲシュタルト崩壊やフロー状態と呼ばれているものに関係していると考えられる。ゲシュタルト崩壊は、知っている人も多いだろう。漢字を長く眺めつづけていると、グジャグジャに崩れて、うまく視認できなくなり、混乱のるつぼに巻きこまれる現象が典型的だ。文学研究を専攻していた学生時代の私は、**一部の心理学がこの問題に取りくんでいるとは気づかず、伝統的な思想史の分野で「神秘主義」と呼ばれてきたものに関する考察にのめりこんだ。**フロー状態については、第6章で改めて問題にしたい。

## ムージルの「千年王国」とソウルメイト

若かった時代の私は、宗教2世として宗教一般に対してうんざりした思いを持って、何かしらの宗教実践に向かうという選択を否定しつつも、じぶん自身が宗教的な感覚を頻繁に体験する心身を持っているために、宗教に関する好奇心そのものは抑えられないという矛盾に振りまわされていた。

やがて私は卒業論文と修士論文でオーストリアの作家ローベルト・ムージルを研究対象に選んだ。卒業論文では『熱狂家たち』（旧訳では『夢想家たち』）という戯曲を選んだが、これは神秘的な体験を経た登場人物たちが、それにもかかわらず人生の好転や幸福の成就などにありつけず、挫折感にもがき苦しんでいるという内容で、私はまさにこれをじぶんの人生の苦悩をもっとも共有する作品だと考えた。

修士論文で議論の中心に置いた『特性のない男』では、主人公が第一次世界大戦前のオーストリアでの国威発揚運動に関わり、当時のウィーン社会の世相や思想が長々と活写されていくが、主人公が父を亡くして、地元で妹と久しぶりに再会すると、兄妹は互いに近親相姦的な恋愛感情を抱き、肉体関係を結ぶかどうかについて懸念しながら、神秘体験を焦点として対話を重ねていくことになる。作者が急逝して、作品は未完のままになった。

ムージルが大学在学中に親しく交流していたゼミ生たちは、いわゆるゲシュタルト心理学の創設者にあたる。ゲシュタルト療法の領域では、コンフルエンス（境界線の融合）という概念が提唱されており、じぶんと外界との境界を解消され、じぶんと外界がひとつになっていると感じる現象も研究の対象になったが、ムージルはこのような当時の先端的な科学にじぶん自身の神秘体験に近しい心身の説明方法を発見したのだと思われる。実際、『特性のない男』の作中で主人公の体験世界はコンフルエンスに親和性の高い人物として描かれている。それは私の心身の感覚と同一だ。

私の見るところでは、ムージルには私と同じく自閉スペクトラム症の傾向があった。現在では自閉スペクトラム症の割合は百人に一人か二人、もしかしたら五人くらいと言われているのだが、そこから容易にわかるとおり、**この障害を持っていると、人生のさまざまな時期で、ごくまれにじぶんと不思議なくらい類似した他者がじぶんの人生に登場してくる**ことになる。その人たちの一部は、「ソウルメイト」(魂の伴侶)のように思われてくる。ムージルはひとりっ子だったが、愛妻家だったから、おそらくその妻をじぶんの分身のような存在と考え(つまり妻にも自閉スペクトラム症の傾向があって)、『特性のない男』の主人公の妹に見立てて、近親相姦の物語を紡いだのではないか、と私は推測している。

ムージルを研究していた日々、私はひとりの女性と同棲生活を送っていた。私はその女性に対して、「こんなにもじぶんと魂を共有できる人がいるとは」と何度も驚いた。おそらく私のこの心理の背景には、ムージルが実人生で体験したのと同じような事情があったのだと思われる。残念ながら、その関係は途中で壊れてしまった。ムージルがその大著『特性のない男』を完成できないまま、愛しあう兄妹の関係性を最後まで書きつくさなかったのに似て、私とその女性の共同体も壊れてなくなった。

## 私の共同体遍歴

私はじぶんにふさわしい共同体がどこにあるのかと悩みつづけた。誰かと家庭を築いて、その家庭に安住したいという思いはあったが、そのような状況に至ることはなかった。発達障害者として、アダルトチャイルドとして、ＬＧＢＴＱ＋として、宗教２世として私の生活は荒れるばかりだった。就職先や専門分野に関わる学会は、共同体としてよりは、疎外感を与える場所として私に迫ってきた。ドイツ文学、口承文芸研究、文化史、比較文学などの分野で研究活動をおこなったが、いずれも安住の地ではなかった。日本の風土がじぶんに向いていないのではと考え、海外に解放への扉を見いだそうとした時期もあった。数多くの外国語を学び、数多くの国を訪れた。しかし、同様にいずれの場所も私にとってはよそよそしく感じられた。これは何よりも自閉スペクトラム症が影響していたと、現在の私は自己分析している。

自閉スペクトラム症と注意欠如多動症の診断を受けたあと、じぶんの生きづらさの中核問題がわかったと思った。発達障害は投薬や外科手術によって完治することはなく、プロの支援者の助言も充分ではないと思った私は、自助グループでの当事者同士の語りあいに救いを求めた。まず発達障害者の会を作ったが、参加者たちが育った家庭の事情はバラバラだから、アダルトチルドレンの会を作り、そこで宗教２世の話はつうじにくかったので宗教2世の会を作り、私の生きづらさを性的少数派だという点にも関係していると考えて、ＬＧＢＴＱ＋の会を作った。

各種の自助グループでは、じぶんの困りごとを語ることで、苦悩がやわらぐという経験を重ねることができた。主宰者として、悩んでいる人の気持ちをやわらげるために対話を重ねていくことに、充実感を味わった。口承文芸研究に関わり、グリム兄弟とその弟子たちの研究領域についての博士論文を書いていた私にとって、生きづらさを抱えた当事者たちが体験談をよせあう空間は、これ以上ないほど「生きた文学空間」だとも感じられた。**この自助グループ活動と、その参加者たちが日常を送るＳＮＳ上の「界隈」（クラスター）が、つまり「発達界隈」、「ＡＣ（アダルトチルドレン）界隈」、「宗教２世界隈」、「ＬＧＢＴ界隈」が、私がじぶんにとってふさわしいものとしてようやく発見した共同体だったのだ。**

## 教団から障害者福祉とお菓子教室へ

福岡出身のリネンさんは、中学生の頃に母、姉、弟が「聖書研究」を始めたものの、入信にいたらなかった。やがて家族はみんな教義から離れたが、リネンさんは中学時代に対人関係で悩んだことをきっかけとして、高校に入る頃になってみずから「聖書研究」を希望し、教団に本格的に関わるようになった。この経緯を踏まえるとリネンさんは宗教1世ということになるが、一五歳という低い年齢から信仰していたことと、エホバの証人2世の信者仲間が多かったことから、宗教2世に近い感覚もあったという。

高校時代は信者仲間との連帯感を楽しみ、大学進学を否定的に見る教義にしたがって、医療系の専門学校に進学した。在学二年目に洗礼《バプテスマ》を受け、医療事務に興味を持てなかったため、建築事務所でアルバイトに従事しながら伝道活動に励んだ。開拓奉仕と呼ばれる、当時は毎月九〇時間、一年で一〇〇〇時間の布教活動に従事し、アルバイトをしながら、同性の信者仲間と独身同士でパートナー生活を経験した。

リネンさんにとって、なによりもエホバの証人の「共同体」が魅力的だった。そこで「霊的な意味」での「父母」たち、「兄弟姉妹」、また「真の友」と呼べる大切な友人を見いだしたと思ったのだ。実家は居心地が悪くなっていたから、安心できる場所がほしかった。さまざまな制約があって、自由度は低いけれど、それだけ結束も高まる。リネンさんは語る。

**リネン　世の中は複雑だけど、教団の世界はシンプルで。活動すればするほど点数が加算されていく感じ。わかりやすいゲームのようで、安らかな思いに浸りました。**

ただし、「現世の終末に滅ぼされない」とか「楽園で永遠に生きられる」といった教義上での究極の約束は、リネンさんにとってそれほど大きな意味を持たなかった。

リネンさんはやがて体を壊して、牧師のカウンセリングを受けた。エホバの証人を脱会することになり、勉強や仕事など人生の課題の「やりなおし」に励み、失ったアイデンティティの再確立に取りくんだ。じぶんの世界は狭いと胸苦しく思いながら、学び働く喜びをぞんぶんに味わおうとした。最近になって、遅い結婚にいたった。

「物理的にも心理的にも狭い世界にいた」と自覚して、いろんなことを知りたいと考え、九州の地元を離れて新天地の関東に転居した。理解のあるキリスト教の牧師に出会い、エホバの証人を脱会した1世たちや2世たち、また別の教団からの脱会者たちともつながった。

**リネン**　障害者福祉の業界で二〇年ほど働いていて、かつて医療系の専門学校で学んだことも役立っています。いまの職場では一五年間、関心を保ちつつ勤められています。「闇の時代」だったと感じるエホバの証人として生活していた一四年間での経験も、活かせるものはあります。それに加えて、パティシエとして、お菓子教室の講師を務めています。この教室も、いまの私にとっての大切な居場所です。

超常的な共同体から、ささやかながらやり甲斐のある日常の共同体へ。リネンさんの軌跡は印象的に聞こえた。

## 妊娠中の家庭内暴力から楽園幻想へ

エホバの証人1世のジャムさんは、昭和天皇が亡くなった時代、冷戦時代の末期に、時代の変わり目を不安に感じていたという。一歳の男の子の赤ん坊を育てる家に、女性の信者が訪ねてきた。彼女に導かれ、「聖書研究」の生活が始まった。その女性にも赤ん坊がいて、子育ての問題でもジャムさんと会話が弾んだ。赤ん坊同士で遊ばせたりもした。夫の親族にエホバの証人の信者がいて、その人の印象から教団に対して悪いイメージはなかった。ジャムさんと私は問題の核心について語りあった。

**横道**　時代の変わり目に対する漠然とした不安感があって、加えてエホバの証人に悪いイメージがなかった。それが入信する上での背景だったんですね。

**ジャム**　……。

**横道**　子育てで孤立した女性は、エホバの証人の勧誘のターゲットになりやすいとよく言われます。同じ女性の信者に勧誘されて、子育て話で盛りあがったりして、救われた気分になる。ジャムさんにもそういう事情はありましたか。子育てを丸投げされていたとか。

**ジャム**　私がエホバの証人の活動に夢中にのめりこんだいちばんの理由は、ほんとうは夫からのDVが原因なんです。

**横道**　家庭内暴力ですか。それはいつからあったんですか。

**ジャム**　**妊娠しているときから、夫に暴行されていました。**顔に痣《あざ》が残るくらい殴られて。稼いだお金だって家に入れてくれなくて。

知りあいのいない地域に嫁いできたから、頼れる人が誰もいなかった。ジワリジワリと教団のとりこになった。離婚したかったが、教義では離婚が禁止されているため、耐えることになった。勉強を始めてから一年半ほどで洗礼《バプテスマ》を受け、正式な信者としての人生が始まった。夫の暴力は止むことがなく、それから七年後には命の危険にさらされていると教団に訴え、離婚の許可を得た。一〇年後に新しい夫と結婚したが、離婚した夫から「エホバの証人として再婚の自由があることを認める」という書きつけをもらってくるように指示された。再婚から五年後、夫とともに教団を抜けた。現在は夫と息子と幸せに暮らしているという。

前夫と離婚する前、暴力によって心身を蝕《むしば》まれていたジャムさんを、じぶんの力で現状を変えられないという絶望が襲っていた。教義を信じれば、じぶんが好きな人たちと楽園に行けるという幸福感にジャムさんの心は救われた。熱心に布教し、たくさんの人を破滅から助けなければならないと必死になった。所属する会衆でガッチリとした人間関係が形成され、その「共同体」から抜けることは考えられなかった。

## 楽園にふさわしくないという思いと教団への失望

同じくエホバの証人1世のグレーさんの場合は劣等感が深く、楽園にじぶんが入ることはできないだろうと絶望しながら、組織を、つまり「共同体」を抜けられずにいた。グレーさんは顔を歪めて語る。

**グレー**　私はね。じぶんが楽園に入れるって、思ってなかったんです。じぶんは宗教をやってもダメなんだなって思うことが多くて。**でも、じぶんが楽園に入るのに値しなくても、この悪い世の中が終わるんだったら、それでもいいって思ったんです。そう考えてエホバの証人の活動を続けていました。**

洗礼《バプテスマ》を受けた頃はまだ熱心に信仰し、会衆のリーダーを意味する「長老」に仕える「奉仕の僕」となったが、活動に疲れるようになり、九〇年代の終わりには「不活発」と呼ばれる状態に入った。世紀が変わる頃、エホバの証人の女性信者と結婚したものの、妻も熱心な信者ではなかった。この教団の信者にしばしば観察されるように、グレーさんは鬱状態に陥って、布教や集会を避けるようになり、二〇一〇年代に「自然消滅」状態になった。

それでもグレーさんは教義を捨てていなかったのだが、数年後にエホバの証人をめぐる海外での裁判を知った。児童に対する性的虐待で何件もの訴訟が起こされていた。教団では早くからカトリックでの児童性的虐待問題を批判していたから、このような間違いだけは犯さない組織だと信じていた。末端の信者を切りすてる教団の方針にも失望した。「とんでもないところにいたな」と愕然とした。妻に教えて、ふたりで憤った。いまはこの「共同体」に心を寄せることはない。

## 「いい人ばかり」だった統一教会

みほさんが入信したきっかけは、街中でのアンケートへの協力だった。一〇〇〇円で手相を見ると言われ、「ビデオセンター」に連れて行かれて、一万円で講習を受けることになった。勧誘した人々は統一教会の関係者だと名乗っていなかった。

みほさんは二一歳で「世間知らずだった」と回顧する。

**みほ**　キリスト教に対して、なんとなくいいイメージがあって、キリスト教系なら安心だって思ってしまったんです。講習の内容に耳を傾けていても、悪いことを言ってるようには感じなかった。「2DAYS」の講習に数万円、「4DAYS」の講習にもっと多くの金額を払ったけど、じぶんを勧誘してくれた人は、手紙を送ってきてくれたり、お菓子の差し入れまでしてくれたりで。講習に欠席したときは、申し訳ないって思って。いまから考えたら、「洗脳三昧」だったと思うんですけど。

どのような「洗脳」だったか、読者は想像がつかないだろうから、教典として使用される『原理講論』から引用してみよう。新たな救世主が韓国に出現するということは、つぎのように記されている。

イエスは、アブラハムの血統的な子孫たちに再臨されるのではなく、彼らの遺業を相続して実を結ぶ国に再臨されることを我々は知り、また、実を結ぶ国は、東方の国の中の一つであることも知った。古くから、東方の国とは韓国、日本、中国の東洋三国をいう。ところがそのうちの日本は代々、天照大神を崇拝してきた国として、更に、全体主義国家として、再臨期に当たっており、（略）当時、韓国のキリスト教を過酷に迫害した国であった（略）。そして中国は共産化した国であるため、この二つの国はいずれもサタン側の国家なのである。**したがって端的にいって、イエスが再臨される東方のその国は、すなわち韓国以外にない。**

（『原理講論』、五八六ページ）

救世主は東方（中東）よりもさらに東方（極東）に出現するとされ、日本は女神信仰の国かつ韓国を迫害した国、中国は共産主義国家だということで「サタン側」だとされる。その上で、朝鮮半島が政治的に分断されているという事実すら、韓国が救世主の国だということを強弁するために利用される。

イエスは、堕落世界を創造本然《ほんぜん》の世界に復帰されるために再臨されるのであるから、まず再臨されるはずの国を中心として、共産世界を天の側に復帰するための摂理をなさるということは確かである。それゆえ、**イエスが再臨される韓国は神が最も愛される一線であると同時に、サタンが最も憎む一線ともなるので、民主と共産の二つの勢力がここで互いに衝突しあうようになる**のであり、この衝突する一線がすなわち三十八度線である。すなわち、韓国の三十八度線はこのような復帰摂理によって形成されたものである。

（『原理講論』、五九〇ページ）

韓国と北朝鮮を分断する三八度線で、じつは神とサタンの軍勢が民主と共産という世俗勢力として対峙《たいじ》しているというのだった。「洗脳」ののち、正体が統一教会だと明かされたが、みほさんは入会申込書を書いて、社会人として二年で貯めた五〇～六〇万円を献金した。

ホームで共同生活を送り、『原理講論』を学んだ。昼は介護職として勤務し、夜は「伝道」に励んだ。六年か七年をそうやって過ごしたものの、親とプロテスタントの牧師による脱会支援が始まった。彼らは邪悪な「サタン」が遣わしているのだと感じたが、親から贈られた本を読んでみると、もしかしてじぶんはマインドコントロールにかかっているのかなと思うようになった。みほさんは教団に脱会届を内容証明で郵送した。

みほさんは統一教会という「共同体」の人間関係に絡めとられたが、教団が約束する「地上天国」という究極の共同体には、初めは関心が湧かなかった。それまでみほさんが生きてきた世界観から離れすぎた観念だったのだ。しかし講習を受けていると、なんだかじぶんもぜひ「地上天国」に行きたいと願うようになってしまった。**子ども時代のみほさんはいじめられっ子で、他者と深く対話をする機会を持たなかった。統一教会に入ったら、まわりは「いい人ばかり」だった。**やめるまでに、「いい人」たちのことが思いかえされ、ためらいは大きかった。
脱会後、「人間関係の作りなおし」という課題が待っていた。みほさんは社会人サークルに入り、野球チームを結成した。被害者家族の会のメンバーに加わり、さまざまな人から心のケアを受けた。しゃべる内容が教義に「汚染」されていたから、「もとの言葉を組みたてなおす」のがたいへんだったと語る。

## こじれた人間関係と信頼できる先輩

同じく統一教会1世のはるかさんは、一九六〇年代に東北で生まれた。高校時代は音大に進学したかったものの挫折し、大学では福祉を学んだ。身分を明かさない統一教会の路上アンケートを頼まれたこともあったが、警戒心を持って応じなかった。はるかさんは語る。

**はるか**　失恋を経験して、友人関係もうまくいかなくなって、両親ともギクシャクしていた時期でした。私、すっかり塞ぎこむようになってしまって。それで、大学の近くに三人で下宿している女性の先輩がいて、その人がすごく信頼できる人だったんです。言動が尊敬できるだけじゃなくて、親しみやすくて面倒見もよくて夢中になりました。それでその先輩を信頼して、二年生のときに「原理研究会」の「学舎」に入りました。原理研っていうのは、統一教会が学生の勧誘に使っている下部組織です。

「2DAYS」「4DAYS」「7DAYS」といった修練会をこなし、統一教会だと明かされたときは動揺したものの、教団からの説得を受けいれ、実家からの仕送りを献金した。大学がある仙台では、統一教会と癒着してきた自民党のためにローラー作戦、つまり戸別訪問による集票活動に従事した。東京にも遠征して、原理研究会の会員として勧誘活動に励んだ。そのあとは例の先輩とともに「献身者」として渡韓した。慣れない韓国での食生活が響いて、膵臓《すいぞう》を壊した。統一教会の上役が実家に帰って治療したらと提案してくれて、帰国した。

信仰は捨てていなかったものの、活動ができず、非信者と結婚した。「地上天国」の考えについて尋ねると、「人間関係がうまく行っていなかったから、そういうのはあるべきだという考えになっていた」と答える。統一教会での「共同体」も重要だったが、先輩のことは特別な存在だった。じつはその**先輩は渡韓後に教団から離れた。そのときにはるかさんの信仰もぐらついた。**

# 欲求五段階説、共同体感覚、共同体のバイアス

心理学者エイブラハム・マズローは、「欲求5段階説」や「自己実現理論」と呼ばれる考えを提出した。食事、排泄、睡眠など生命を維持するための「生理的要求」が満たされると、健康や経済的安定や保障などの「安全欲求」が生まれる。安全欲求が満たされると、愛情や帰属に関する「社会的欲求」が現れる。社会的欲求が満たされると、地位、名声、敬意などを求める「尊重の欲求」が現れ、それが満たされると、あるべきじぶんになりたいという「自己実現の欲求」が現れる。中野明によると、マズロー自身がこのような明確な5段階の構図を示したのではなく、マズローの研究を紹介した人々がこのようにモデル化したようだ（中野明『マズロー心理学入門』、四九〜五五ページ）。

いずれにせよ、宗教はこの欲求5段階を充分に満たす力を持っている。宗教によっては、食べ物を施してくれたり、匿《かくま》ってくれたりと、低次の生理的欲求や安全欲求を満たしてくれる場合すらあるだろう。そのふたつの欲求より高次の社会的欲求、尊重の欲求、自己実現の欲求に関しては、むしろほとんどの宗教が提供してくれる。その意味で、**宗教団体は信者にとって万能の共同体を構築してくれるものだ。**心理学者アルフレート・アードラー（英語式にはアルフレッド・アドラー）は『人生の意味の心理学』で、共同体感覚を持って他者貢献をすることが、人間の幸福感に大きく寄与すると論じている（二五六〜二五七

ページ)。共同体は家庭、職場、地域社会、国、国際社会といろんなレベルが考えられるが、万能の共同体たる宗教団体への貢献は、大いに人々を安らかにする。そのように考えることは、とりあえずおかしなことではない。

だがどんな共同体でも、人間という不完全な存在によって運営されるものなのだから、さまざまな限界を抱えているのも事実だ。じぶんたちは神や仏に庇護された組織だと看板を掲げる宗教団体は、その限界を隠蔽《いんぺい》しようとする傾向が、非宗教的な共同体よりも強固のように思われる。「内集団バイアス」とか「内集団びいき」は、じぶんの共同体を愛するあまりに、外部の共同体よりもじぶんたちの側を優れていると思いすぎてしまう偏見を意味する心理学の概念だ。宗教団体に属していなくても、多くの人がじぶんの共同体に関して抱いてしまうことは多いだろう。いまじぶんが属している共同体について、冷静に距離を置いた判断がくだせない人でも、過去にじぶんが愛情を感じながら属していた、そしてもうすでにそこから去ってしまった共同体を思いだせば、誰でもじぶんにも内集団バイアスがあったと気づく。宗教団体ではそれが強化されているが、宗教的な共同体に特有のものではない。

「多数派同調バイアス」という心理学の概念もある。誰でも思いあたる場面を記憶しているはずだが、多数派が賛成しているものごとは、正しい側だと思ってしまうという偏見を指す。ナチスの時代にヒトラーを支持する人が多数派だった頃、ヒトラーについて当初の判断を保留していた人も、まわりの人の言動に押されて、ヒトラーを正しいと考えるようになった事例は多いだろう。太平洋戦争中の日本人でも同様だ。「鬼畜米英」を信じ、中国、朝鮮半島、台湾の人々を蔑視するのが正しいと思うようになった人は、珍しくなかった。宗教団体は、じぶんたちの「正しさ」を確信するように信者に求めるため、この多数派同調バイアスが強固に作用する空間を作りだす。

## キラキラ農村共同体と信者の属性問題

宗教的な共同体には、強力な磁力がある。過去の日本の作家のうち、宮沢賢治は特別人気のある書き手のひとりだが、彼は農学校を退職後、農業技術や農業芸術などを農民たちに講義するために設立した羅須地人《らすちじん》協会で、つぎのように理想の農村共同体を語った。

世界がぜんたい幸福にならないうちは個人の幸福はあり得ない／自我の意識は個人から集団社会宇宙と次第に進化する／この方向は古い聖者の踏みまた教へた道ではないか／新たな時代は世界が一の意識になり生物となる方向にある／正しく強く生きるとは銀河系を自らの中に意識してこれに応じて行くことである／われらは世界のまことの幸福を索ねよう　求道すでに道である

……おお朋《とも》だちよ　いっしょに正しい力を併せ　われらのすべての田園とわれらのすべての生活を一つの巨きな第四次元の芸術に創りあげようでないか……

まづもろともにかがやく宇宙の微塵となりて無方の空にちらばらう／しかもわれらは各々感じ　各別各異に生きてゐる／ここは銀河の空間の太陽日本　陸中国の野原である／青い松並　萱《かや》の花　古いみちのくの断片を保て

（宮沢賢治『農民芸術概論』、四五、五二ページ）

理想とする農村共同体が、宗教団体（かつ芸術集団）のようなものとして構想されていたことがわかる。**宗教1世たちにとって、それぞれが属していた宗教団体も、だいぶキラキラしていただろう。**では、入信する1世たちに共通した属性のようなものはあるのだろうか。世界的な人気作家となった村上春樹は、『村上春樹雑文集』に収められた「東京の地下のブラック・マジック」で、オウム真理教に帰依した人々の特徴について、つぎのように回答している。

オウム真理教に帰依した何人かの人々にインタビューしたとき、僕は彼ら全員にひとつ共通の質問をした。「あなたは思春期に小説を熱心に読みましたか?」。答えはだいたい決まっていた。ノーだ。彼らのほとんどは小説に対して興味を持たなかったし、違和感さえ抱いていたようだった。人によっては哲学や宗教に深い興味を持っており、そのような種類の本を熱心に読んでいた。アニメーションにのめり込んでいるものも多かった。言い換えれば、彼らの心は主に形而上的思考と視覚的虚構とのあいだを行ったり来たりしていたということになるかもしれない(形而上的思考の視覚的虚構化、あるいはその逆)。

彼らは物語というものの成り立ちを十分に理解していなかったかもしれない。ご存じのように、いくつもの異なった物語を通過してきた人間には、フィクションと実際の現実とのあいだに引かれている一線を、自然に見つけだすことができる。その上で「これは良い物語だ」「これはあまり良くない物語だ」と判断することができる。しかしオウム真理教に惹かれた人々には、その大事な一線をうまくあぶりだすことができなかったようだ。つまりフィクションが本来的に発揮する作用に対する免疫性を身につけていなかったと言っていいかもしれない。

(『村上春樹雑文集』、二〇四〜二〇五ページ)

これはどのくらい妥当な考え方なのだろうか。哲学、宗教、アニメを好み、小説を読まない者がカルト宗教にのめりこむという論理が提示されている。村上は哲学や宗教やアニメに心を寄せる人ではない。小説に関してはこよなく愛し、仕事として選択した。じぶんが冷淡に接しているものを、カルト宗教の信者は好んでいた。そしてじぶんが好むものをカルト宗教の信者は理解しなかった。**私としてはこんな印象操作を弄する村上にこそ、救いがたいカルト性を見てとるほかない。**

親鸞会1世の瓜生《うりゅう》崇は、『なぜ人はカルトに惹かれるのか』で、村上のこの言説に反論している。

これは、私の実感と違う。私の場合はオウムの信者に接したことはほとんどなく、その後継団体のアレフの信者・元信者と、私がいた教団である親鸞会の話が中心になるが、彼らは小説を読まなかったどころか、平均的な人たちよりもずっと読んでいたと感じる。

アレフの場合は教団に入ると小説は読まなくなるのだが、親鸞会の場合は学生の拠点の本棚にはたくさんの小説があり、私自身先輩からよい小説を紹介されてむさぼるように読んだ。そもそもオウムに入った人は、アニメやSFが好きな人が多かったと報道されていたが、そこからフィクションと現実との区別がつかなくなってしまったのではないか、という考察は、村上に限らず多くの識者によって語られてきた。しかしアニメや哲学や宗教はダメで「ちゃんとした物語」ならいいと考えているのだろうか。アレフの信者で村上春樹の作品が好きだった人だって、何人か思い出すことができるのに。

村上に限らず、カルトに入る人は人生の何らかの大事な経験が欠如しているのではないか、という見方をする人は多い。これ以外にも家族関係に軋轢があった人が入る傾向があるのではないかとか、あるいは過去に反抗期がなかったのではないかという見方もある。しかし様々な人に接すれば接するほど、そんなことは関係ないのではないかと思う。

（瓜生崇『なぜ人はカルトに惹かれるのか』、九二〜九三ページ）

私には村上作品の愛読者という一面もあり、最近では村上の研究者として『村上春樹研究』という著書も刊行した。だが宗教1世の世界観を安易に決めつけようとする村上の態度には、反撥《はんぱつ》を催さずにはいられない。

## 森鷗外的モラルと井伏鱒二的モラル

それでも補足すれば、村上春樹がオウム真理教の問題に関わろうとした心境について、私はじぶんなりに理解できているつもりだ。個人主義を貫く作家として知られる村上は、おそらくアードラーが言うような「共同体感覚」に抵抗を感じているのだろう。他者貢献によって共同体に奉仕するという理想は、自律を重んじる個人主義と相剋《そうこく》の関係に陥ることが多い。

思えば私が文学作品に惹かれたのも、個人の解放を発見したからだった。私は文豪として知られる森鷗外の「サフラン」という短編をこよなく愛する。そこではサフランに関する蘊蓄《うんちく》と、実生活での鷗外とサフランとの関わりが簡潔に語られる。最近では枯れたサフランを水もやらずに放置していたのに、球根から芽が出て繁茂してきたという。それを眺めながら鷗外は考える。

これはサフランという草と私との歴史である。これを読んだら、いかに私のサフランについて知っていることが貧弱だか分かるだろう。しかしどれほど疎遠な物にもたまたま行摩《ゆきずり》の袖が触れるように、サフランと私との間にも接触点がないことはない。物語のモラルはただそれだけである。

宇宙の間で、これまでサフランはサフランの生存をしていた。私は私の生存をしていた。これからも、サフランはサフランの生存をして行くであろう。私は私の生存をして行くであろう。

郵便はがき

お手数ですが
切手を
お貼りください

160-8571

東京都新宿区愛住町22
第3山田ビル 4F

# (株)太田出版
# 読者はがき係 行

---

**お買い上げになった本のタイトル：**

**お名前** **性別** 男・女 **年齢** 歳

**ご住所** 〒

**お電話**

**e-mail**

**ご職業**
1. 会社員
2. マスコミ関係者
3. 学生
4. 自営業
5. アルバイト
6. 公務員
7. 無職
8. その他（　　　　）

記入していただいた個人情報は、アンケート収集ほか、太田出版からお客様宛ての情報発信に使わせていただきます。

太田出版からの情報を希望されない方は以下にチェックを入れてください。

□ 太田出版からの情報を希望しない。

本書をお買い求めの書店

本書をお買い求めになったきっかけ

本書をお読みになってのご意見・ご感想をご記入ください。

＊ご投稿いただいた感想は、宣伝・広告の目的で使用させていただくことがございます。あらかじめご了承ください。
＊太田出版公式HP（http://www.ohtabooks.com/）でもご意見を募集しております。

（『鷗外随筆集』、一一二ページ）

連想されてくるのは、唐の時代に于武陵《うぶりょう》という詩人が作った「勧酒」、つまり「酒を勧める」という詩だ。「勸君金屈巵／滿酌不須辭／花發多風雨／人生足別離」と歌われる。訳せば、「君にこの金色の盃で勧める／あふれるほど注いだから断るなよ／花が咲いても風や雨が吹いてしまうもの／人生とは別離だらけだ」となる。作家の井伏鱒二は以下のように見事に訳出してみせた。

コノサカヅキヲ受ケテクレ／ドウゾナミナミツガシテオクレ／ハナニアラシノタトヘモアルゾ／「サヨナラ」ダケガ人生ダ

（『井伏鱒二全詩集』、五九ページ）

サフランはサフラン、私は私。さよならだけが人生だ。なんと励まされる言葉の集まりだろうか。先に私は、主宰する複数の自助グループに安住できる共同体を見いだしたと説明した。だが、じつは自助グループは共同体とは言えないだろう。**毎回開催中にだけ人が集まってきて、会合が終わったら解散する。個人的なふだんの交流は、原則としてやっていない。「共同体未満」なのだ。**だが、これこそ私にとってぴったり合った共同体だった。

サフランはサフラン、私は私。さよならだけが人生だ。

第4章

# マインドコントロールとは何か？
# そして洗脳とは何か？

## ビジネス交渉術とマインドコントロールのあやうい境界線

「マインドコントロール」や「洗脳」は厄介な概念と言える。「カルト宗教にマインドコントロールされてしまった」「じぶんは教団による洗脳状態にあった」などという言説は宗教1世や宗教2世の発言によく観察されるものの、**マインドコントロールも洗脳も使う人によって定義はバラバラで、曖昧に使われることのほうがふつうだ。**反省を込めて言うけれど、私にしても長年「なんとなく」の感じでじぶんについて「マインドコントロールが取れない」とか「いまでも洗脳が残っている気がする」などと語ってきた。

マインドコントロール論でよく参照される文献に、ロバート・B・チャルディーニによるビジネス交渉術研究本『影響力の武器』がある。この書物では、どうやったら消費者の購買欲を動かせるかが考察され、その手口に騙されないための助言が提示されていく。チャルディーニは、ビジネス交渉には六つの秘訣があると指摘する。第一は、人は恩義を受けると、それに報いたいという心理になるため、それを利用して与えた以上のリターンを得るという返報性のルールだ。第二には、人には一貫性を保ちたい傾向があるため、それを利用しながら頭で考えさせるのではなく心で感じさせつつ、コミットメントを促すというものだ。第三は、他者による社会的証明が示されると、信じやすくなってしまうという内容。第四は、優しさを見せて親しい関係になることで好意を得るという方法。第五は中身よりも外見をよく見せて、権威を示すことで妄信的な服従を引きだすという手法だ。第六は、少ないから失ったら損失になると感じさせ、必死に入手させようとする希少性の原理というものになっている（『影響力の武器』、x〜xvページ）。これらのビジネス交渉術は、宗教団体も活用している。それが一般的な交渉術なのか、詐欺の手法なのか、「マインドコントロール」と呼ぶべきものなのかは、おそらく判然と区別できるものではない。

スティーヴン・ハッサンは、マインドコントロールとは行動、思想、感情、情報という四種類の要素に対するコントロールなのだと整理する。それらをコントロールしながら人格を解凍し、変革し、再凍結していくという（『マインド・コントロールの恐怖』、一二八〜一三八ページ）。このハッサンのマインドコントロール論は日本での後続の議論に大きな影響を与えた。影響を受けた人物のひとり、西田公昭はハッサンの議論を踏まえつつ、マインドコントロールを解除する過程についても整理している。それによると、生理的な充足を与え、マインドコントロールを手がけた教団の反社会性を指摘し、なぜ他者が介入しようとしているのかと疑問を抱かせ、敵意と恐怖心を取りのぞき、マインドコントロールされていることを説明し、教団の思想の矛盾や問題点を伝え、入信前のじぶんについて思いだしてもらい、先行して脱会したかつての信者たちに体験談を語ってもらうのが良い（『マインド・コントロールとは何か』、二〇五〜二一〇ページ）。

岡田尊司はマインドコントロールを受けやすい要因として、「愛着不安」を原因とした

「依存性パーソナリティ」を帯びていること、高い被暗示性があること、バランスの悪い自己愛があること、現在と過去のストレスから心理的葛藤があること、周囲からの支えが脆いことを列挙している（『マインド・コントロール』、六四〜九六ページ）。マインドコントロールのかけ方は、情報入力を制限するか過剰にするかして、脳を慢性疲労状態に置いて思考の自律性を奪い、力強く救済や不死を約束し、グループの心地良い人間関係に安住させ、自己判断を許さず依存状態に置くことと指摘する。

よく混同される「洗脳」とマインドコントロールはどう違うのだろうか。これも広く共有された定義はないものの、ハッサンや西田は暴力、虐待、拷問などの強制をともなえば洗脳、そうではない心理操作をマインドコントロールと区別している。マインドコントロールをめぐる議論は錯綜《さくそう》していて、たとえば櫻井義秀はマインドコントロールという概念そのものがカルトに対する対抗ドグマにほかならず、価値中立的ではないと批判する（『新宗教の形成と社会変動』、一一四〜一一六ページ）。

正直に告白するが、インタビュイーたちと対話した時点で、私自身はまだマインドコントロールや洗脳についての諸見解を整理できておらず、じぶんなりの定義も曖昧なままだった。「それでマインドコントロールは受けたと思いますか」などと無邪気な質問を重ねてしまったのだった。以下に示すように答えはまちまちだったが、それぞれの人がマインドコントロールをどのように考えているか、そのバラバラさも目立つことになって、多様性が浮かびあがったという点では、かえって良かった面もある。

## 操られていたとは思わないが

ネギトロさんは、「操られていたとは思わない」と語る。創価学会には「じぶんから染まりに行った」。なんとかしてじぶんを変えたいという思いが強かったから、活動によって変われるのではないかと期待していた。栄光がハリボテにすぎないことに落胆してしまったが、マインドコントロールとまでは思わない。人間関係に苦手意識があるために、活動家たちの姿がまぶしく見えた。

ただし、ネギトロさんは「押しつけは強かった」とは思っている。

**ネギトロ**　マルチ商法なんかにハマっている人も、じぶんでは**マインドコントロールされていると思っていないだろうけど、組織を離れて振りかえってみたら、夢中だった時期のじぶんが別なふうに見えてくるはず**です。じぶんの意志で選んでいたものが、操作されたものだったと考えるのは難しいけど、一般的ではない独自の教義や教えの影響を受けてしまい、自律できなくなることはあります。

ネギトロさんには、創価学会でなされる活動をやめた人への批判的な発言には疑問があった。退会者の「末路」が話題になり、「やめると怖いことがあるぞ」とじぶんも脅された。教団によるネガティヴな印象づけは疑問の種だった。

## 操られていると感じさせないように操る

ウリウさんは、親鸞会の中枢に近づくにつれて、さまざまな矛盾に気づくようになったものの、見て見ぬふりをしていた。幹部のひとりは、部下の女性につぎつぎに手を出して不倫を繰りかえしていたが、まわりにいる信者たちは知らないふりを装っている。ここは組織としてはダメだけど親鸞の教えは好きだから、という考え方で我慢していたものの、違和感は積みかさなるばかりだった。

やがてウリウさんは、広報部門に配属された。親鸞会を批判するウェブサイトの運営者に訴訟をちらつかせ、活動を停止させる仕事だ。批判者側の言説を確認していくうちに、マインドコントロール論を知った。ハッサンや西田の本を読んで、驚いた。というのも、統一教会のやり口が念頭に置かれているにせよ、親鸞会がやっている勧誘方法もほとんど同じだったからだ。新たな信者に与える情報をコントロールして、ネガティヴな感情を抱かせないようにし、教団外の人間関係をじょうずに制限していく。みんなで褒めあって、承認欲求を満たして、教団内の優しく明るく愛ある人間関係で、絡めとっていく。信仰対象について、初めは表面的な当たり障りのない感想を言っていても、継続的にやっていくことで、心からの感想に変わっていく。疎外されたくないから自発的に教義を勉強して、教団内により深く収まっていく。ウリウさんの場合は、先輩たちを裏切りたくないという気持ちが強かった。球が転がるようにして、信仰が深まっていったと気づき、その過程を振りかえっていく段階に入った。やがて、**操られていると感じさせないように操るのだと気づいた。**

ほんとうの根拠がなくても信じるようになることはあるんだ、とウリウさんは悟った。これ以上は親鸞会で活動していけないと思った。三一歳のときだった。

# 性加害とマインドコントロールからの解放

あきこさんは「マインドコントロールは実在するが、かけるようなものではない」と表現する。少なくとも教団側は、マインドコントロールをかけてやるとは思っていない。しかし、いつのまにかじぶんの考えがすりかわっていたことを考えるならば、やはりマインドコントロールの支配下にあったと考えるほかない。そのように語っている。

脱会してから5年後のことだった。『朝日新聞』で摂理をめぐる醜聞が大々的に報じられ、そこでもマインドコントロールが指摘されていた。だが、それはチャルディーニがいう返報性、つまり人間関係による籠絡《ろうらく》や希少性の原理の活用だった。あきこさんは仕事をやめていないなかったことが、脱会の成功につながったと考える。教団内の閉鎖空間に収まったまま生活していたわけではないからだ。職場をやめた人はたくさんいたから、その人たちの場合は、脱会がより難しかっただろうと語る。

摂理では、教祖による性犯罪が深刻だった。

**あきこ**　教祖が来日したとき、私も性暴力の被害者になってしまって。

**横道**　……。

**あきこ**　そのときは「まあ、こんなこともあるのだろう」って、じぶんを納得させようと努力しました。

**横道**　そういう心理的メカニズムって、マインドコントロールの結果だと思いますか。

**あきこ**　そのように表現することは可能だと思います。

みんなで共同生活をやっていたから、教団との密接な日常は続いた。合同結婚式に参加するように求められたが、五年の信仰歴のうち、最後の一年ほどは疑いながら続けるようになっていたため、断った。参加資格があったため、実際に参加した人たちから結婚式の様子を聞いて、子どもが生まれたら自然に信者になってしまうし、摂理では結婚はできないなと思った。しだいに**性暴力への反感と将来への不安が混ざりあって、教団への疑問はふくらんでいく。今後の仕事や出産の問題についてじっくり考えてみて、「やめるっていう手もあるんじゃないか」と、ふとひらめいた。一生こうやって過ごしていくのはどうなんだろうか、と思った。**

やめるつもりで、日本の幹部たちに対して、教祖から性被害を受けたことを告げると、彼らは否定しないまま、黙りこんだ。その様子から、これは組織ぐるみでやっていることなんだと理解した。翌日になると、あきこさんは信者仲間の全員と連絡が取れなくなっていた。不穏なことを言いだしたため、組織からの排除が決まったのだ。そうしてあきこさんは脱会した。指導者級になっていたじぶんを慕っていたふたりが、一緒に退会した。

## 統一教会のマインドコントロールはどのように期限切れとなるか

日本ではオウム真理教と並んで、統一教会が、マインドコントロールに関する議論の中心に位置してきた教団だ。統一教会1世たちは、どのように考えているだろうか。

はるかさんはマインドコントロールをかけられていたと感じる。**善悪二元論に立って、**

**さまざまなものごとの明暗を強調する仕方で、教義を教えこまれていた。**『聖書』と『原理講論』のあいだに矛盾があると、気づけないように仕向けられていた。はるかさんは述懐する。

**はるか**　信者仲間と共同生活に入ったあと、テレビを観ることが許されませんでした。それでだいぶ、世の中の動きがわからなくなりました。一応仕事に出ていたけど、ホームの同志たちがすべてだと思っていました。統一教会を抜けて、教団や信者仲間から物理的な距離をとることができるようになって、初めて冷静になることができました。人間関係が変わって、ようやく心変わりできたんです。

みほさんの場合は「マインドコントロールから抜けるまでに二、三ケ月かかった」と発言したので、私は若い彼女がもっと歳を取ったらどう考えるだろうか、と思案した。私が主宰する自助グループで、若い参加者たちは、多くの場合、「やっとマインドコントロールが取れてきた」などと語る。しかし中年、初老の参加者たちには、「いつまでもマインドコントロールから抜けられない」と語る人が多い。

もちろん、いつまで経ってもそのような状況だからこそ、自助グループに参加してくれたのかもしれない。年長者たちのうち、時間が経ってマインドコントロールがもうなくなったと判断した人は、そもそも自助グループに参加しないだけかもしれない。しかし別の考え方もある。教団から抜けて日が浅い場合、マインドコントロールと感じられるものが急激に低下するのを感じるが、何十年も経つうちに、世間との価値観のズレを何度も感じることになり、フラッシュバックに苦しみつづけて、結果としていつまで経ってもマインドコントロールが取れないと感じてしまう人は多いのかもしれない。そして、それらの人々のごく一部が私の自助グループに参加してくれたのかもしれない。

## エホバの証人にはマインドコントロールと洗脳の両方がある

エホバの証人の事例について考えてみよう。

リネンさんはマインドコントロールを受けていたと考える。いまでも「べき思考」が強いのは、その名残だ。もともとの性格傾向もあるかもしれないけれど、それが強化されてしまったと感じる。教団では「ラブシャワー」によって、信頼関係を築いている。共同体のなかに取りこみ、信者仲間と輪になって信仰を確信できるようにしている。グレーさんもマインドコントロールは受けていたと感じる。妄信的に信じていた日々は、いまから思えば特殊なメンタリティに変えられていた。

先に、洗脳とは暴力をともなった人格に対する変形の企てで、マインドコントロールとはもっと穏当なかたちでの心理操作だという分類法を紹介した。そうであれば、**宗教2世として私が受けたのは洗脳だった**。

エホバの証人では「ムチ」と呼ばれる体罰が一九六〇年代から奨励され、一九九〇年代くらいまで活発に実施されていた。それ以後にもより小規模にだが、一部の家庭で継続されていったとも伝えられる。ムチとして使用される道具は、皮ベルトやガスホースや物差しなどだった。子どもにズボンやスカートをおろさせ、それらの道具で臀部《でんぶ》を激しく何回も、ひどい場合には何十回も殴打する。頻度もさまざまで、稀にそういうことがあったという家庭も、毎日のように子どもが危害にさらされた家庭もある。この「ムチ」は日本の伝統的な規範や倫理に照らしてなされていた一般的な体罰とは異なる。子どもを教義へと屈服させるためにやられたわけだから、文字どおり「洗脳」ということになる。

私より少し年上のエホバの証人2世、ちざわりんさんと語りあった。

**ちざわりん**　じぶんが受けたのが洗脳なのかマインドコントロールなのかはわかりません。ですが、それらしいものはあったと思っています。ムチによって「否定的な自己概念」が醸成されました。心理学の昔の実験で、電気ショックを与えつづけることによって、犬が逃げられる状況なのに逃げだすのを諦めてしまうというものがあります。その犬の心理状況は「学習性無力感」と言われています。

**横道**　宗教2世問題の中核には、その学習性無力感がありそうですね。宗教被害の時期が終わったから、教団を抜けたから終わるという単純なものではない。

**ちざわりん**　私は一時は熱心な信者でしたが、教団内部では情報統制が敷かれて、信者たちの批判的思考を妨げています。それはマインドコントロールと言っていいんじゃないでしょうか。

ジャムさんはエホバの証人1世で、脱会後に放送大学で社会心理学を学び、ミルグラム実験を学んだ。所属する集団が加害的だと、じぶんも影響を受けて、暴走的に加害に加担してしまうことを明らかにした社会心理学の実験だ。じぶんの弱さを受けいれ、いまではじぶんが子どもに対して「ムチ」をやっていたことを後悔しつづけている。

二〇二二年一一月、『毎日新聞』がムチ問題について報道した。「ヒアリングには、祖父母や両親がキリスト教系の新宗教「エホバの証人」の信者という30代の元3世信者、夏野ななさん（仮名）も出席し、子どもの頃の体験を証言した。教団の集会で居眠りをすると家族からたたかれたり、学校行事への参加を禁じられたりしたといい、「親から信仰を強制されたり、学ぶ機会を奪われたりすることがないようにして」と国に訴えた」。

私はこの報道以前からさまざまなメディアでムチについて語っていたが、「宗教2世の境遇」として一般化され、エホバの証人という教団名は報道してもらえなかった。私は事情が変化しつつあることに胸を打たれた。

二〇二三年一月には、『毎日新聞（電子版）』がエホバの証人の日本本部にムチ問題に関しておこなった取材結果を公表した。「「エホバの証人」日本支部の広報担当者は「教団として暴力を肯定することはしてこなかったが、一九九〇年代には誤った解釈でむち打ちなどがされていたことは聞いている。教えを実行する選択はあくまで個人にあるが、二〇〇〇年代に入ってからは正しく解釈できるよう、DVDなどにして教えを伝える努力を重ねている」としている」。

この応答に、多くのエホバの証人2世が怒りの声をあげた。教団の卑劣な虚言体質が公の場で浮き彫りになった瞬間だった。

二〇二三年三月には、エホバの証人2世の二五五人に対してムチ体験のアンケート調査を実施していた任意団体「JW児童虐待被害アーカイブ」が調査結果を公表し、就学前のエホバの証人2世のムチ経験は七割にのぼること、ムチ経験者で鬱などを罹患した者は六割にのぼること、また二〇一〇年代に至ってもムチをやっていた家庭があったことなどを明らかにした。その記者会見について、インターネットTV局Abemaが『アベマ倍速ニュース』で報じた教団からのコメントも、エホバの証人2世たちに激しい怒りをもたらした。それは「暴力や罰を受けたことのトラウマに苦しんでいる人たちに心から同情します。聖書はそのような暴力を禁じています」という他人事のようなコメントだった。

## 私が考えるマインドコントロール

私はインタビュイーたちとの対話をつうじて、マインドコントロールについてのじぶんなりの考えを深めることができた。

まず、洗脳とは暴力をともなったマインドコントロールだと規定したい。だから私自身は、広く言えばマインドコントロールを、狭く言えば洗脳を受けた。

しかし、マインドコントロールをそもそもどう規定するか。

きわめて個性的な集団に加わって、内部のルールを受けいれると、認知のあり方が大きく左右され、体験世界も抜本的に変質することになる。それによって常識の地滑りとでも言うべき現象が起こる。従来のじぶんの世界観が別の世界観へと「移行」するのだ。

これは宗教団体でも起こるし、政治団体など別種のグループでも起こる。それどころか、特殊な集団に属していなくても、人生経験や読書をつうじて思想を独自に深化させることで、世間的な常識と断絶しながら別の精神的世界へと「移行」することは、かんたんに起こってしまう。

しかし、その「移行」を経たのちに、じぶんを変容させたと感じていた集団に疑問を持ち、抜けるならば、その「移行」はどのように見えるだろうか。とくに、属していた集団が反社会的と見なされるものだったと悟ったら、じぶんはまちがっていたものを信じるように誘導されていた場面の多くに気づくだろうし、そうすればじぶんは「宗教被害」と呼びうるものを受けたと考えるようになる。そうして、じぶんはマインドコントロールの支配下にあったと認識するようになる。

だからマインドコントロールを発生させる本体とは、その団体の特異性だ。**共同体を活用して団体の特異性に新しい信者を慣らそうとすることによって、マインドコントロールが機能する。**そして、その際に暴力が用いられれば、それは洗脳ということになる。

私はそのように考えるようになった。そして、そのように考えると、じぶんが受けてきた学校や大学の教育現場でも、マインドコントロールがあったと感じられてならない。じぶんの在学期間を振りかえると、教えこまれた価値観の多くはもはや誤りだったことが明らかだし、「教育被害」と呼ぶべきものがあったと感じる。

しかし私はこの点で、一方的に「被害者」として振るまおうとは思わない。私もまたひとりの大学教員として、いまではもはや否定するようになった価値観を教え子たちに伝えたことがある。時代に合わせて、あるいは時代に逆らうしかたで、私の考え方は今後もいくらでも変わっていき、そうする過程で私は過去の私の考え方の一部を否定していくだろう。だから私は、いつまでもマインドコントロールに加担する可能性がある加害者だ。そうならないように、教え子たちの思想を根本的に改変するようなことを避けなければならないと思う。

## 「研究者」ということ

いくつもの自助グループを主宰している私だが、自助グループというものは、日本ではそもそも世間でそれほど認知されていないから、マスメディアで紹介される際には、よく「相談会」や「座談会」などと言いかえられてしまう。

自助グループはもともとアルコール依存症者を対象としたアルコホーリクス・アノニマス（AA）から始まり、「言いっぱなし聞きっぱなし」と呼ばれる、いっさい応答をしないミーティングの様式を選んできた。相槌《あいづち》を打たない、コメントしない、質問もせず、ひとりずつ順番に過去の体験や最近の心境について語っていき、会合は終わる。薬物依存症者やギャンブル依存症者を対象にした同様のグループもあって、AAとともに「アノニマス系」と呼ばれたり、一二の段階を踏んで回復していくというモデルを共有しているため、「12ステップ系」と呼ばれたりする。

自助グループの起源が依存症からの回復をめざすこれらのグループにあるのはまちがいないが、現在では自助グループの形態は多様化していて、さまざまな疾患や障害の当事者たちが自助グループの運営に関与している。それらのグループは、しばしば「言いっぱなし聞きっぱなし」ではなく、ごく普通の応答の仕組みを取りこんでいる。結果として、茶話会や集団相談会のような形式が取られることになる。応答があると、誰かの発言によって話し手が傷つく可能性が出てくるため、それを阻止するためのグラウンドルールが必要になる。私もそのようなルールを設定し、じぶんが運営する各種の自助グループで当事者研究をやっている。

しかし、私は疑問に思うところがあるのだ。小学生の頃、私は「研究生」の母や正式な信者たちの指導のもとに「聖書研究」の時間を日常に取りこんでいた。じつはエホバの証人たちは、教団が開設された当初は「聖書研究者」と呼ばれていた人々だ。ナチス・ドイツの時代、良心的兵役拒否を信条とする「聖書研究者」は強制収容所で殺戮の対象になったし、私は実際にミュンヘン近郊のダッハウ強制収容所で、「政治犯」とか「移民」とか「同性愛者」などとともに「聖書研究者」のバッジが展示されているのを見たことがある。

**私が「聖書研究」をしながら子ども時代を過ごした経験は、私が成長して「学術研究」の専門家（いわゆる研究者）になった未来の、そして現在ボランティア活動として「当事者研究」をやっている未来の、路線を敷いたのではないか。**私はそのように思案してしまうことがある。つまり、私の認知が子どもの頃に歪められて、マインドコントロールされつづけているのではないか、と不安になってしまうのだ。

残念ながら、私はこの謎に説明をつけることができない。聖書研究から学術研究へ、そして当事者研究へというじぶんの人生の軌道に、発展的な連続性があるのか、それともそのように見えるだけで、実際には偶然の連なりに過ぎないのか、じぶんでもわからない。私がもともと知的好奇心が豊かで、つまり多くの自閉スペクトラム症の子どもたちと同様に、もともと「ちびっこ研究者」のような小学生だったからこそ、母は私が「聖書研究」に打ってつけだと期待した、ということかもしれないのだが。

第5章

# じぶんは選ばれた人間だという感覚と、誰かを救ってあげたいという切望

# ユダヤ教、ナチス・ドイツ、アカデミズム

子どもの頃に、エホバの証人2世として『聖書』を学んだことは、私の人生に波紋を残した。この書物（正確には諸資料の集積）に書かれているのは、古代イスラエル社会で起こった宗教関係の出来事で、現在では「ユダヤ人」と呼ばれている人々の歴史でもある。かれらのあいだからユダヤ教が生まれ、それを母体としてキリスト教が生まれた。このふたつの宗教で聖典とされた文書群が、一冊の本にまとめられている。

唯一の絶対神エホバを信じれば、終末の日に神に選ばれて楽園に入ることができる。この約束を中心に置くエホバの証人の教義を、教団を抜けた私は相対化しなければならなかった。教義を客観視できるようになるために、ユダヤ教とキリスト教を中心にさまざまな宗教について読書を重ね、学んだ。ユダヤ教にしろ、キリスト教にしろ、エホバの証人にしろ、あるいはイスラム教にしろ、ほかの諸宗教にしろ、多くの宗教で「選民意識」が支配的なことに気づいた。じぶんたちの信仰対象は特別で、それを信じるものは選ばれた存在なのだという意識だ。エホバの証人たちが用いている『新世界訳聖書』では、神がイスラエル民族は「聖なる国民」になると約束する。

「〔前略〕私の声にしっかり従い、私との契約を守るなら、あなたたちは必ずあらゆ

る民の中から選ばれて私の特別な所有物となる。地球全体は私のものである。あなたたちは私にとって、祭司たちが治める王国、聖なる国民となる」

（『新世界訳聖書』「出エジプト記」第一九章第五〜六節）

小学六年生のときに手塚治虫の『アドルフに告ぐ』を読んだことで、ナチス・ドイツやその人種主義への興味が湧いた。しばらく前に手塚治虫が亡くなっていたこと、ドイツ再統一が実現したことなどが、このマンガを読む導線になったのだと思う。ナチスに対する関心は、党員たちの選民意識にもあった。迫害を受けたユダヤ人にも、迫害を主導したナチス党員にも、近しい精神性が共有されていたという事実が、私にとって気がかりだった。アドルフ・ヒトラーは『わが闘争』でドイツ人を代表とする空想上の「アーリア人種」について書いている。

今日、人類文化について、つまり芸術、科学および技術の成果について目の前に見出すものは、ほとんど、もっぱらアーリア人種の創造的所産である。だが外ならぬこの事実は、アーリア人種だけがそもそもより高度の人間性の創始者であり、それゆえ、われわれが「人間」という言葉で理解しているものの原型をつくり出したという、無根拠とはいえぬ帰納的推理を許すのである。アーリア人種は、その輝く額からは、いかなる時代にもつねに天才の神的なひらめきがとび出し、そしてまた認識として、沈黙する神秘の夜に灯をともし、人間にこの地上の他の生物の支配者となる道を登らせたところのあの火をつねに新たに燃え立たせた人類のプロメテウスである。

（アドルフ・ヒトラー『わが闘争』上、三七七ページ）

ナチスに対する関心はずっと残り、結局は大学に入ると、二〇世紀前半の、つまりナチス時代に関係するドイツ文学を専攻するようになった。しかも私がドイツ文学の専門家として取りくんできた研究は、たいていの場合ナチスに関係することになった。**長年にわたって認めたくはなかったものの、私のナチスに対する関心は、迫害されたユダヤ人たちへの関心の裏返しだった。**私は小学生のときに古代の歴史を学んだ人々の現代社会での運命に関心があった。

ナチスに対する関心の継続は、じぶんが属するようになった大学教員の世界、つまりアカデミズムの体質にも関係がある。アカデミズムの世界では、二一世紀の日本でも選民意識がはびこっている。選民意識を持っている人たちの共通点として、じぶんが救世主《メサイア》に、少なくとも救世主のミニチュア版のような存在にならなくては、という意識が感じられた。じぶんと関わりのある人々を救わなければならないという、心理学でいう「メサイア・コンプレックス」だった。それは、じぶんがほんとうは劣った存在なのではないかと不安がる劣等感の裏返しだということは、かんたんに想像がついた。じぶんの有能さや価値をアピールしたいと感じているのだ。その種のコンプレックスにもとづいた言動に、しばしば面倒な印象を受けつつも、私は私自身に同じものがあるという不安に苛まれた。

## 家族を救う中心人物と、選ばれていないという意識

はるかさんは統一教会で、「あなたこそがじぶんの家族を救う中心人物」なのだと教えられた。みほさんは、統一教会の信者になることができたのは、宝くじに当たるよりも倍率が高いのだと吹きこまれた。ふたりとも**自然に選民意識を植えつけられ、心のうちにメサイア・コンプレックスを醸成された。**

**はるか**　いわゆる霊感商法は、統一教会では「万物復帰」と呼ばれています。失われていたものを回復し、神に捧げることによって、堕落した人間を正しい位置に戻していくという教義なんです。日本は堕落したエバの国家で、韓国はエバによって堕落させられたアダム国家という無茶なことが言われています。そういう論理で、堕落させた側の日本から多額の金銭を神のために韓国へと回収するのは正義だとされてるんです。

はるかさんとみほさんは、育った選民意識とメサイア・コンプレックスを発揮して、活動に励んだ。

エホバの証人1世のグレーさんにもメサイア・コンプレックスはあったが、それはまわりに同調しようとしていたからだったと考える。神の子羊にならなければいけない、正しく行動しなければならないと思っていたが、まわりの信者とはノリが違うとも感じていた。バリバリと活動している信者仲間に辟易《へきえき》し、弱い立場の信者に厳しく接しているのを見ると不快感を抱いた。じぶんが特別に選ばれた人間だとは思えなかった。

## 世の人、一四万四〇〇〇人、病院での転機

ジャムさんは、エホバの証人たちはみんな、メサイア・コンプレックスが強いと語る。人間の弱さを強調する宗教だが、その反動として、「だからこそ強力な神によって救われなければならない」と考え、熱心な勧誘活動を展開する。創価学会、統一教会、エホバの証人など宗教ごとにメサイア・コンプレックスには差異があると感じる。選民意識は強くないつもりだったけれども、やりたい放題の「世の人」たちとは違う、じぶんは「そっち側」ではないという意識はやはりあった。

ちざわりんさんは、人の役に立つことで、じぶんも支えられると感じていた。そうしてメサイア・コンプレックスが生まれた。「世の人」は「真理」を知らなくて、じぶんは知っている。だからそれは伝えなければならないと信じた。ほかの新宗教の脱会者と話していると、戦闘民族のような、ライオンのような印象を受けることがある、とちざわりんさんは指摘する。一方エホバの証人の脱会者は羊のようだと感じる。エホバの証人では、一四万四〇〇〇人が「新しい天」に入って、再臨したイエス・キリストとともに「千年王国」を統治すると教えている。それ以外の信者は地上の楽園に入ることになる。じぶんが統治者側に回りたいと願うエリート信者は多いが、ちざわりんさんはそこまでは望まなかった。地上の楽園で永遠に滅ぼされずに生きられれば良いと思っていた。

リネンさんにもメサイア・コンプレックスがあって、「じぶんは世の人とは違うんだぞ」と思っていた。

**リネン**　でも体を壊して病院に入ったときに、高齢の女性がじぶんの人生について語ってくれたんです。それから、その女性を見舞いに来ていた人たちの人間模様も見たりしました。

**横道**　「伝道の対象」ではない「世の人」との接触を多く経験したということですね。

**リネン**　そうして、じぶんのうちに「人そのもの」を見る視点が生まれたと感じています。それによって選民意識を抜けることができました。この人たちは、たしかにエホバの証人ではない。でも、この人たちなりに一生懸命に人生を生きてきたんだ、という実感が生まれて、忘れられなくなりました。

**横道**　その人たちに対して布教はしなかったんですか。

**リネン**　入院初期はやっていたんです。夜遅くにロビーで「研究司会」をしていたときは、看護師さんに叱られました。入院が長引くにつれて、エホバの証人のおこがましさ、独善性を認識させられるようになったというか。「エホバの証人じゃない人たちはだらしなく生きている」とはけっして思えない心境になったんです。

**横道**　病院という特殊な環境のなかで、だんだん変化が起こったんですね。

**リネン**　じぶんたちの「正しさ」を押しつけるような伝道をする気が消えていきました。**じぶんはほんとうはそんな立場の人間じゃないんだ、と思いました。**それでも続けましたが、「参考になるようなら読んでください」と書籍を渡すことがメインの活動になって、伝道のスタイルが徐々に穏当になっていきました。

## 教団内のステージに合わせて対応を変える

あきこさんによると、摂理では、優秀だから選ばれたというような露骨な教え方をしないという。

**あきこ**　雰囲気もやり方もスポーツクラブ式ですから。先輩後輩の関係みたいに、先に来た人が、後に来た人を導くんだという責任感を持たされます。人を集めやすくするためには、どういうふうにするのが良いのかという最適化が突きつめられている宗教です。**ひとりひとり、ちゃんと扱いを変えて、育てていく**。その目的にとって、宗教的な選民思想は邪魔になることがあるんです。でも自尊心が育まれ、教団内のステージがあがったら、選民意識を植えつけることが有効になることもあります。

私は感心しながら聞いていた。メサイア・コンプレックスに関しては、自然な仕方で持っていた、とあきこさんは言う。そもそも救済活動が教義だから、そうなるのは当然なのだと考えている。

## 仏教系新宗教の人々

ネギトロさんは、「折伏《しゃくぶく》」によって仏法に縁のない人たちを教えるんだと意気ごんでいた。だから選民意識はあったと語る。「日蓮コンプレックス」としてメサイア・コンプレックスを抱いていたという。

**ネギトロ**　「青は藍《あい》より出《い》でて藍より青し」です。弟子の使命は師匠を超えることという価値観を教えられましたから、日蓮が弟子の成長を願ったように、期待してくれている池田先生を超えるぞって燃えましたね。でもそれは、組織内で出世するとか、権力のある側に反抗するとかではないんですよ。それぞれの会員が生活している場で、尊敬されるような第一人者になる、っていうことです。

ツキシマさんは同じ創価学会にいたものの、池田大作を超えるだなんて、とてもではないが考えたこともない。しかし選民意識には染まっていた。**年齢があがってから入信したため、引け目を感じていて、劣等感から余計にそうなったのかもしれないと振りかえる。**「この信心に出会えたことはすごいことなんだ」と信者たちに力説され、じぶんでもそのとおりに実感する機会が何度もあった。もとから信者だった妻との関係が改善していったので、じぶんは実際に変わることができたという実感を得ることができた。メサイア・コンプレックスもあったが、勧誘活動はいつもうまく行かなかった。『聖教新聞』を取るのを断られ、公明党への投票も断られ、自信を持てないままになった。

ウリウさんの場合は、ことさら強烈な選民意識に燃えていた。親鸞会だけがじぶんの拠り所になっていたから、そこから全人類を救って行かねばならないという思いが高まった。浄土真宗系の宗教では「利他」がよく口にされるが、標準的な浄土真宗ではメサイア・コンプレックスがそんなに強力ではない。そういう意味では親鸞会のほうが仏教として「純粋」かもしれない、とウリウさんは思うこともある。

## ドイツ文学と京都

学部と大学院でアカデミズムの世界に住む人々のエリート意識とその裏地としてちらちら見えてくる劣等感に驚いた私は、エリート意識に関する批判的な研究を手がけるようになった。研究対象に選んだローベルト・ムージルがいかに屈折したエリート意識を持っていたかという問題に焦点を当てた。ムージルは入った学校の種類のために、従来の人文的教養を充分にはぐくむ機会を持たなかった。むしろ最先端の自然科学や工学を学んだことで、じぶんは新時代のエリートなんだと考えたいものの、はっきりとした自信を確保できず、不安を抱えていた作家だった。同情はしたが、じぶんがエリートだと思えない私にとっては、よそよそしさを感じるテーマでもあった。また私が批判的な立場からエリート意識について論じると、その問題設定に対して自尊心が脅かされると焦ったのか、私の問題意識に反論する年長の大学教員が何人も現れた。「そうは言ってもじぶんたちはエリートなんだから」と開きなおり、世の中を見くだすことで安心感を得ようとする態度は、エホバの証人の共同体との同質性を感じさせ、私には耐えがたいものがあった。

大学院生だった頃から、「ドイツ文学という分野の救済」を志す年長の研究者たちと、たびたび交流した。海外の多くの地域と同じく、日本でもドイツ文学研究の未来は、さして明るくないものと見なされている。それが私たちのメサイア・コンプレックスを刺激するのだ。「ドイツ語は、ドイツ文学は、ほんとうはすばらしい価値を宿したものなんだ」と叫びだしたくなる。しかし、その叫びに真剣に耳を傾ける人は少ない。私はもはやどうしようもないと思いつつ、ドイツ語による学会発表や論文投稿でも実績をあげられるようにならなくては、とかドイツ文学の新しい研究領域を開かなくては、などと、もがきつづけた。この苦闘は現在に至るまで終わりを迎えていない。

**私は何度も蘭学の興亡を思いだした。**江戸時代には、日本に最先端の知をもたらしてくれたオランダ語の学習が知識人のあいだで栄えたものの、明治時代にはオランダ語も蘭学も時代遅れになってしまった。明治時代以降、日本に最先端の知をもたらしてくれた言語は英語、フランス語、そしてドイツ語だったが、やがてドイツ語の学習を時代遅れと見なす風潮が平成期から強まることになった。

就職先の大学で、同僚のひとりは「ノブレス・オブリージュ」という言葉を好み、よく口にしていた。高貴な立場の人間には、それに見合っただけの責任が付きまとうという考え方だ。その理屈自体にはとくに反論したいことはなかったのだが、その人がじぶんを「高貴」と感じているのは、じぶんが京都の出身だから、それもたんに京都府や京都市の出身だからでなく、かつての京の都の範囲にあたる「洛中」の出身だから、なかでもその中心にあたる上京《かみぎょう》区の出身だからということにも関係していることがわかってきた。宴会の席で、冗談まじりとはいえ、「みなの者、控えおろう」と言ったりするのを聞いたこともあった。

大阪出身の私は、京都の人によく見られるこの手の選民意識——容易に理解できるように、もはや日本の中心に位置する東京や関西の中心に位置する大阪には勝てないという劣等感と表裏の関係にあるもの——には、同調することはできなかった。そもそも私は、大阪人が「東京なんか、なんぼのもんじゃい」と東京に対して好戦的になろうとするのを歪んだ選民意識と感じ、二〇歳のときから生まれ育った大阪を離れて「田舎で修業しよう」と考え、京都への移住を決意した人間なのだ。

第6章

# 至高体験

# 信仰心の燃料としての至高体験

アメリカの心理学者ウィリアム・ジェイムズは、神学者ジョナサン・エドワーズが体験した「内面も外面もともに新しく清く美しいものになったという感じ」を与える「回心」の記録を紹介している。

神的な事物に対する私の感じが徐々に増して行って、だんだんと活気を加え、そして内心の甘美さも増してきた。万物がその容相を一変した。ほとんどあらゆるもののなかに、いわば神の栄光の静かな、甘い色合い、あるいは相が見られるようであった。神の崇高さ、神の知恵、神の純潔さと愛が、万物のなかに現われているように思われた。日にも月にも、星にも、雲のなかにも、青空にも。草にも、花にも、樹にも。水のなかにも、すべての自然のなかにも。それによって私の心はたいへん落ちつきをうるのが常であった。そして、自然のすべての働きのうち雷鳴と電光ほど私にとって楽しいものはなかった。以前は、雷鳴や電光ほど私にとって恐ろしいものはなかったのである。以前は、私は雷鳴をきけば、異常に恐れ、雷雨がおこるのを見ると、恐怖に打たれるのが常であった。しかし、今では反対に、それが私には楽しみなのである。

（ウィリアム・ジェイムズ『宗教的経験の諸相』上、三七一ページ）

これは第3章で記したフーゴー・フォン・ホーフマンスタールの、そしてローベルト・ムージルの、さらには私に訪れた体験世界に近しい。「真理を悟った」と感じながら信仰心が突然として深まると、上に引用したような「回心」として認識される。逆に、ジャン＝ポール・サルトルのゲシュタルト崩壊は、それまでの不穏な心境に影響され、回心が悪夢的な啓示に反転したものだろう。それらの超自然的な印象が、神的なものや悪魔的なものの顕現を想像させる。

ルードルフ・オットーは、ラテン語の「ヌーメン」、つまり「神威」を変形させて「ヌミノーゼ」という言葉を鋳造した。「神威のもの」を意味するこの言葉を使って、オットーは神的なものが顕現したと感じる際の心理的様態を多面的に説明している。それは「畏るべき神秘」にほかならず、受動性が感じられる、畏るべき優越に出会ったと思う、エネルギッシュな要素がある、把握しがたいものが出現する、魅惑するものが現前している、不気味だ、尊厳すべきものだといった感覚が絡まりあってくる。このようにして「聖なるもの」の超言語的、あるいは感覚的な相があらわになる（『聖なるもの』、一二〇～一二三ページ）。

エイブラハム・マズローはこのような超越的な感覚の経験、いわゆる「変性意識状態」の経験を「至高体験」と呼び、人間としての自己実現の頂点に置いた（中野明『マズロー心理学入門』、一一一～一一三ページ)。**「回心」や「開悟」や「至高体験」といったいかにも宗教的な表現で呼ばれると、多くの人はじぶんに無関係のものだと感じるかもしれないが、これはミハイ・チクセントミハイが「フロー状態」と呼んだものにほかならない**(『楽しみの社会学』、六六ページ)。何かに夢中になったことで、「流れ」(フロー)に飲みこまれているように感じ、人生がきらめきながらじぶんを包みなおす。遊園地の大人気のアトラクションに乗って興奮の絶頂を覚えるとき、ランニングをしていて「ランナーズ・ハイ」を体験するとき、生涯のベスト10に入ると感じるような映画を大画面で見ているときなどに、誰でも経験することができる。スポーツの領域では「ゾーン」と呼びならわされる。娯楽やスポーツを体験しているときにフロー状態に入ったら、それは当たり前のことだからなんとも思わないだろうけど、そういう状況でないときにとつぜんフロー状態に入ったら、人は「至高体験」や「回心」が訪れたと感じてしまう。

宗教では変性意識状態を作りだすことによって、「至高体験」を実現する。それは信仰心の主燃料となるもので、この体験なしに信仰生活を続けるのは、電気が開通していない部屋で生活するようなもの、ガソリンの切れかけた自動車でドライブするようなものだろう。実際、オウム真理教ではこのような至高体験を得るための「イニシエーション」をさまざまに設定していて、おそらくその体験を実際に得たからこそ、信者たちの一定数はオウム真理教を「ほんもの」だと感じ、なかなか抜けられなかったのだと思われる。

## 神秘的な体験はなかった

今回インタビューをしてみると、私は脱会した信者たちによる至高体験の欠落は注目にあたいすると考えた。

リネンさんは、神の顕現を感じるほどの至高体験を経験したことがない。

**リネン**　でも「開拓奉仕」に出て、八時間の伝道を終えて帰ってきたら、体は疲れているのに「聖霊に満たされている」という感覚がありました。それで仲間たちと「エホバの祝福ね」と声をかけあってました。

リネンさんが体験していたのは、温和なフロー状態と言って良いだろう。

ジャムさんも至高体験を経たことがない。エホバに対して、教団内で言われている「父なる神」と感じることもなかった。神秘的な体験をする人は、精神疾患の傾向があるのではと考えている。夫からの家庭内暴力に耐えていたジャムさんには、男性信者が優しい姿勢でリーダーシップを取って、女性たちを守る教団の体質は、幸せなものと感じられた。たくさん祈って、じぶんでじぶんを洗脳していったと感じる。

グレーさんも、神秘的な体験があったかどうかと問われれば、ないと言うしかないと語る。祈り、歌うことは至高体験に開かれず、自己暗示をかけるためのものだった。陶酔状態になったことも、脳内麻薬のようなものを感じたこともなかった。奇跡的な神の顕現に憧れたことすらない。

ちざわりんさんは、地区大会の終わりに讃美歌を歌っていると、高揚感を覚えた。仲間同士で歓迎しあっているのだと思った。だが「変性意識状態」と呼ぶべきものは体験したことがない。ちざわりんさんの母は、実家がシャーマン系の宗教の家柄で、それに嫌気が差して、エホバの証人に入信する動機のひとつになった。ちざわりんさんもその点で、母親の心理を共有している。

## 神々しさを欠いた統一教会教祖

みほさんは、教祖の文鮮明に神聖な印象を受けなかった。会ったことのある信者は、みんな礼賛するものの、みほさんはそれらの声を聞いて「すごい人なんだな」と他人事のように思う程度だった。と思った。原罪を信じこまされたから、「祝福」を受けることが、つまり合同結婚式が希望だと思っていた。

はるかさんも文鮮明を神々しいとは感じなかった。

**はるか**　「メシア」って言われているけれど、神さまの生まれ変わりというよりも、霊能者のようなものなんだろうなって思いました。**神さまと呼ぶにふさわしいオーラはなかったですね。**

学生は資金力がないから、お布施の代わりとして、霊感商法に従事する。ノルマは厳しいと感じていた。神秘体験めいたものがあったという仲間がいて、「神様が導いてくださった」と言っていたが、はるかさんは冷静に観察していた。

## 冷静でしらふの信者たち

あきこさんにも至高体験はなかった。それで、摂理への信仰の度合いが高くないと指摘されたこともある。祈るときに神が見えた、という信者仲間はいたが、あきこさんは冷静に観察していた。

**あきこ　寝ずに祈っていたら、いつかそういう幻も見るでしょうねって、突きはなして見てましたね。**

**横道**　（笑）

ネギトロさんにも至高体験らしいものは起きなかった。題目を唱えていて、そのうちに良いことが起きると、「望みどおりになった」「願いが叶った」と見なす。それによって信仰が強化されるというシンプルな仕組みだった。創価学会の池田大作は、統一教会の文鮮明や幸福の科学の大川隆法のような超人的とされる人物ではない。「生きた仏教」を学ぶ場所だと設定されていて、それがこの教団の説得力を高めていると思うそうだ。

## 至高体験を相対化する宗教1世たち

以上のような報告が多いにしても、宗教1世たちが至高体験に無縁の人々だと考えるのは正しくない。

ツキシマさんは唱題をやっているうちに、本尊の文字曼荼羅が立体的に見えてくることがあったと言う。日蓮が書いた曼荼羅で、まんなかに南無妙法蓮華経が大書され、四方に神の名前が並んでいる。**それらとじぶんがつながっている感覚が迫ってくる。創価学会に固有の功徳として捉えたが、いまでは「どんな宗教でもあること」と割りきっていて、特別な現象だと思っていない。**学会は選挙を中心に動いているから、それに疑問を持って、世俗的な権力がほしいだけだと気づいたら、冷めてしまった。

ウリウさんは、語りにくそうに言う。

**ウリウ**　親鸞会ではみんなが、とにかく「信心決定《けつじょう》」って言うんですよね。神秘体験みたいなものが話題になる。でも、それを体験した人はひとりもいないんです。

**横道**　おもしろいですね。

**ウリウ**　でも、脱会後に親鸞が書いたものを読んでいたら、自他の境界が消えてなくなって、これが神秘体験かなって思うことはありました。それらしく言うと、慈悲の雨に打たれて、光のなかに入っていくっていう感覚、「世界に認められた」と思って、なんだか涙が出てきました。

しかし、そのような体験をしても、日が経てば喜びは色褪《いろあ》せていく。ウリウさんはウィリアム・ジェイムズの『宗教的体験の諸相』を読んだこともあるから、そのような体験が浄土真宗だけの特別なものではないこともちゃんと理解していた。

## 発達障害者にはよくあることとして

ツキシマさんやウリウさんと同じく、**私もじぶんの至高体験を相対化している。平静な**

**気分のときに、さまざまな動因によってランナーズ・ハイと同じものが起きているだけだ**と結論している。

しかし、そのように思えたのは三〇代になって、スポーツ選手が「ゾーン」について頻繁に語るのを知ってからだった。それまでは私自身が、このようなフロー状態を宗教的な神秘体験だと思っていた。エホバの証人2世として、子ども時代にカルト宗教に接触していた私だが、結局は以降の人生は「宗教的霊性」について考えつづけるものになってしまった。多くの発達障害者たちと同じく、私は変性意識状態に入りやすく、否、その傾向が際立って強く、いまでは覚醒中のほとんどの時間をフロー状態で過ごしている。歩けばフロー状態に入り、話せばフロー状態に入り、入浴すればフロー状態に入り、食べればフロー状態に入り、書けばフロー状態に入り、読めばフロー状態に入る。

## 宗教の代償としての文学

私が文学研究を仕事としたのも、文学作品を読むことが宗教活動の代償になるからだ。だからオクタビオ・パスが展開した詩的人間学は、私の胸に迫ってくる。

詩的体験は――オリジナルなものであれ、読むことによるものであれ――自由についてわれわれに何かを教えたり、言ったりはしない。詩的体験とは、自己展開しながら何かを達成し、瞬間的に人間を実現するところの自由そのものなのである。

（オクタビオ・パス『弓と竪琴』、三二六ページ）

**文学をつうじて人間は変容し、世界を変容させる。パスが語るのは文学作品を介した至高体験なのだ。**

人間は世界を磁化する。人間によって、そして人間のために、人間を取り囲むあらゆる存在や事物が意味を孕むことになる――それらが名を持つのである。すべてが人間を志向する。しかし人間は、何を志向するのであろうか？　彼自身それをしかとは知らない。彼は他者になることを欲し、彼の存在は常に彼を彼自身の彼方へと導く。人間は絶えず足場を失い、歩を運ぶたびに倒れ、そして、彼がなりたいと想像している、そして彼の手もとからすり抜けてしまうあの他者と遭遇する。エムペドクレースは、自分が男であり、女であり、岩であり、「海の底で、おし黙った魚」であったと断言している。別に彼だけではない。日々われわれは、この種のことを耳にする――何某が興奮すると「同一人とは認め難い」、あるいは、彼は「別人になる」。われわれの名前もまた、それがわれわれ自身であるという以外何も解らない未知の人間を庇護している。人間は一時性と変化であり、〈他者性〉は人間独自の存在様式を構成する。人間は他者になる時に実現され、成就される。

（同、三〇七〜三〇八ページ）

## 淀んだ水と爽やかな水

私は「みんな水の中」という感覚を持ちながら生きている。それには発達障害者としての特性が大きく関わっている。

自閉スペクトラム症があるために、コミュニケーションの不具合が起きることが多く、じぶんと周囲の世界のあいだに断絶感がある。自閉スペクトラム症のために、情報処理の飽和を感じやすく、周囲の世界に処理されない情報の海のような感じがある。自閉スペクトラム症のために、好みの青色や水色への執着が強く、戸外では空を見上げながら歩くため、その色の印象も水のイメージを導いているだろう。

注意欠如多動症のために、思考の動きが並列化し、いつも朦朧《もうろう》としている。発達性協調運動症のために、体を支えるバランスが悪く、いつもふわふわした体感を得ている。複雑性PTSDのために、過去の記憶がさまざまにフラッシュバックしてきて、いつもそれに翻弄されてしまう。解離があるために、空想と現実のはざまのなかで漂っているクラゲになった気分がする。このような特性や症状の総合として、「みんな水の中」と感じているのだ。

この「水中世界」は私の住まう世界ではあるものの、胸苦しくストレスの大きいものでもある。それで私は、それを解消するような機会をつねに求めてきた。フロー状態に入るときは、濁った水が爽やかな水に換えられるかのような気分になるため、私はことさらなるべくこの状態に入りやすくなるように求めてきた。

それで文学作品に関しても、水の煌《きら》めきが描写されると、それは私の人生にとって親密な内容だと思われてならないのだ。

吉野弘は「岩が」で歌う。

岩が　しぶきをあげ／流れに逆らっていた。／岩の横を　川上へ／強靱な尾をもった魚が　力強く／ひっそりと　泳いですぎた。／逆らうにしても／それぞれに特有な／そして精いっぱいな／仕方があるもの。／魚が岩を憐れんだり／岩が魚を卑しめたりしないのが／いかにも爽やかだ。／流れは豊かに／むしろ　卑屈なものたちを／押し流していた。

（『吉野弘詩集』、五九〜六〇ページ）

北原白秋は「峠」で歌う。

雨フレバ／光ル菅笠《すげかさ》、／雨フレバ／光ルワガ足、／濡レ濡レテ峠ヲノボル。／／思ヒキヤ、一天《いってん》晴レテ／不二ノ雪額《ひたひ》ニ光リ、／ソノ雪ハ、海ニモ消エズ。／／瞰下《みおろ》セバ麓《ふもと》路《とち》ノ雨、／雨ノアシ何処《どこ》ヲイソグゾ、／ハヤ清《すず》シ白金ノ川ノヒトスヂ。

（『北原白秋詩集』下、一〇三～一〇四ページ）

私は宗教2世だったから、じぶんが直面させられた経験に嫌気がさして、宗教1世にならなかったにすぎない。**私は宗教2世でなかったなら、文学に代償を見つけるよりも、宗教1世としていずれかの宗教に入信する道を選んでいただろう。あるいは無謀にも宗教団体を開いて、教祖になろうとしていた可能性だってある。**第3章で批判した宗教と小説を対置させる村上春樹の構図は、その意味でも、私の心をざわざわさせる。この認識は苦々しいものだが、私の偽らぬ心情だ。

第7章

# 信仰心を揺るがされたときには、どうなるか

## 確証バイアスと認知的不協和

何かを信じている人は、信念を裏打ちするような証拠を積極的に追いもとめ、逆に信念をくつがえすような証拠を集めることには消極的な傾向を持つ。これは「確証バイアス」と呼ばれている。私の場合は、小学校高学年のときに、エホバの証人の副読本で自然科学や古代史に関する記述に関心を抱いたものの、図書館で調べてもエホバの証人の主張を傍証できなかったことから、この教団のかずかずの欺瞞《ぎまん》を知るようになった。それに気づいた上で、母親を含む信者たちの発言に耳を傾けていると、**信じたいことは信じる、信じたくないことは信じないというだけだという単純な思考回路を見てとれるようになった。**「確証バイアス」という言葉を知らないまま、この概念を理解できるようになったのだ。

また信念が揺らぐとき、人はその揺らぎを解消するために、信念を揺るがせているものを過小評価したり、窮地に立たされたじぶんの認知を修正して立てなおそうとしたりする。あるいは、じぶんの態度や言動を変更しようと対策する。このような現象をもたらす信念の揺らぎをアメリカの心理学者レオン・フェスティンガーは、「認知的不協和」と呼んだ。

## 認知的不協和を解消するシステム

グレーさんは、人は信じたいものを信じているだけ、というのはどんな宗教の信者でも同じではないかと語る。じぶんなりの判断で論理的に説明されていると感じたら、それを信じてしまう。エホバの証人の内部で、背教的なウェブサイトに気をつけましょうと注意喚起されていて、そういうものを見ないように身を守っていた。少しずつ、この教団はおかしいと思うことが出てきても、じぶんが信じるものがまちがいであってほしくないと考え、じぶんでじぶんの疑惑を揉み消していた。

ちざわりんさんは語る。

**ちざわりん**　エホバの証人では、信者に認知的不協和が起きても、解消できるメカニズムが働くようになっています。教義が、ちょっとした矛盾に強く、都合よく解釈できるように作られているからです。教団が世の中で批判されていても、**「終わりの日が近いのだから、正しいじぶんたちが迫害されるのは当然だ」などと言って、正当化して誤魔化すことができます**。実際、安倍元首相の銃撃事件以降に宗教2世問題が騒がれるようになって、エホバの証人への批判が高まりましたから、信者たちは「終わりの日」について期待しながら語っています。

はるかさんは、神さまが創造した段階から人間が罪を犯して遠くに離れたのだから、罪を埋めあわせる「蕩滅《とうめつ》」をしなければならないという統一教会の教義を信じていた。教義に矛盾を感じることがあっても、じぶんだって昨日と今日で言ってることが違う場合がある、などと考えて、矛盾を重要視しないことにしていた。

あきこさんにも確証バイアスはあった。摂理は統一教会と似ていて、「食事をすると肉は育つけど、霊は育たない。神に関する話を聞くと、霊が育つ」と教えている。だから矛盾は神に関する話を聞くことで解消するというシムテムだった。ヒエラルキーが確固としているので、布教を担当する大学ごとにリーダーがいて、「とにかく相談しなさい」と指示されていた。勝手に判断するのは「NG」だった。あきこさんは「報連相だらけの宗教文化ができあがっていた」と振りかえる。

## 名誉毀損のSNS投稿や選挙のお願いで認知的不協和が高まった

創価学会への入信中、ツキシマさんは「牙城会《がじょうかい》」に入って、会場の警護をしたいと考えた。大学校で一年訓練を受けて、任務につく。訓練は「折伏」、つまり宗教勧誘に行くこと、池田大作の『小説人間革命』を読みきって感想文を書くこと、『聖教新聞』を友人や知人に取ってもらうことだった。感想文には苦労しなかったが、入信と新聞の勧誘はまったくうまく行かなかった。昔から人づきあいが苦手で、一般的な頼みごとをするのも不得意だった。さらには人脈も豊かとは言えなかった。それでもなんとか警護につくことができて、月に二回程度、夕方六時半から一〇時半まで、ボランティアで任務に励んだ。夜食としてカップ麺が支給された。そのようなきつい任務についていると、信仰心は強化された。

そうしてツキシマさんは、学会内で流れてくる情報を信じて、公明党はほかの党とはまったくの別物なんだと考えていたが、選挙の活動に携わっていると、ほんとうにこれで良いのかなと思うことがたびたびあった。降って湧いたようにして、とつぜん「この人が候補になります」と告げられる。その人を支援するために、選挙のための特別体制を組む。そのような連続に違和感を覚えた。四〇歳を過ぎたことで男子部から壮年部に移行したが、その頃から鬱病を患った。仕事を休むようになり、宗教活動も休んだ。認知的不協和が起こりやすい環境が作られたのだ。

ツキシマさんが教えを捨てたきっかけは、二〇一七年の衆議院選挙前に公明党の公式アカウントが投稿した文面だった。

3つのKでわかる　共産党　ってどんな党?
汚い!　実績横取りのハイエナ政党
危険!　オウムと同じ公安の調査対象
北朝鮮!　「危険ない」と的外れな発言
公安調査庁　共産党は「各地で殺人事件や騒乱事件などを引き起こしました」「暴力革命の可能性を否定することなく、現在に至っています」
（公明党のツイッター（現𝕏）アカウント、二〇一七年六月二一日一一時五〇分）

ツキシマさんの視界が真っ暗になった。

**ツキシマ　とうてい正義の側に立つ者がやっているとは思えない、下品な言葉遣いだった。明らかな名誉毀損です。**それで創価学会を信じる気持ちが一気にぐらつきました。身近な組織幹部に尋ねましたが、納得できる回答は得られませんでした。それで悶々としながら毎日過ごすようになったんです。

二〇一九年の参議院選挙前には、本部に対して宗教法人法にもとづく書類の閲覧請求をおこなった。参院選支援の方針決定にかかわる各機関の議事録や資料を確認したかったたからだが、庶務部は「宗教法人法に定める書類・帳簿に該当しない」という理由から、閲覧請求書を受領してもくれなかったため、組織に対する不信が決定的なものになった。

もはや信仰心はないが、脱会はしていない。じぶんが入信するきっかけとなった妻に思いを話すと、予想外なことに妻も同調してくれた。ツキシマさんにとって、それは何よりもうれしいことだった。

ネギトロさんも、やはり選挙に協力したことで認知的不協和を起こした場面が何度もあった。勇気を出して選挙のお願いに関する電話をかけ、信者同士で称《たた》えあっていると、「じぶんたちはまちがっていない」と思えた。つまり確証バイアスだ。しかし選挙のお願いをしていた人たちと関係がギクシャクしたことが多かったから、同窓会などが憂鬱になった。組織の内部にいると、人間関係はうまく回っていくが、インターネットで情報を収集すると、創価学会に関する「不都合な真実」はいくらでも見つかった。それでやがて、ネギトロさんの信仰心は崩壊するに至った。

## 脱会支援者との対話を経て

あらかじめ認知的不協和によって確証バイアスを揺るがされていた宗教1世が、脱会支援を受けて棄教する事例は珍しくない。

リネンさんは入信中から、ちいさな疑問をたくさん抱えていた。それらは、靴のなかに入った小石のように、信仰の歩みを妨げていた。輸血拒否の問題に関して、導く相手の「研究生」から質問され、模範的な開拓者と言われていた「姉妹」（女性信者）に質問した。すると、「調べてごらん、昔はワクチンがだめだったんだよね」と教えられて、動揺した。現在は捨てられた教義があるという事実に、教団への不動の信頼感が揺るがされたのだ。信者たちは、教義が変わることはあっても、唯一絶対の神エホバと聖書は不変だと言いあっていた。ほかの宗教の本は読んではいけないことになっているが、なぜそれを読んでも痛くも痒くもないということにならないのかと不思議だった。病弱なメンバーに対する「長老」の優しくない態度を眼にすると、疑問はますます募った。

リネンさんは脱会支援のカウンセリングを受けるようになったが、それはむしろじぶんの信仰の正しさを確認しなおすためだった。

**リネン**　でも対話を続けていると、この信仰が偽物だったと認めざるを得ないような状況に進みそうになってきたんです。それが怖くて、カウンセリングを中断してしまいました。**じぶんが我慢していたこと、やりたくないけどやってきたことの意味は、どうなってしまうんだろうって、不安になりました。**

愛情を持って接してくれた信者仲間たちとの縁を断ちきることは困難だと感じた。いまの段階ならじぶんを騙せるというところで留まって、カウンセリングを三日、四日と休んだものの、組織に対する疑いはふくらむばかりだった。そうすると『聖書』に収められた聖句が脳裏に浮かんできた。

私たちがイエスから聞き、皆さんに知らせているのは、神は光であり、神の中に闇は全くない、ということです。「自分は神と結び付いている」と言いながら闇の中を歩き続けるなら、私たちはうそをついているのであり、真理を実践していません。

(『新世界訳聖書』「ヨハネの第一の手紙」第一章第五～六節)

リネンさんは光のなかを歩まなければならないと考えて、カウンセリングを再開した。その結果、エホバの証人の教義はまちがっているという考えに至り、脱会に向かった。

## 世俗的なものに魂を引かれて、そして息子の離脱

ジャムさんは、神と組織から離れたくなるような、疑問を突きつけるものからは距離を置くようにと心がけてはいた。しかし、教団では同性愛はサタン的な罪とされているもの

の、ジャムさんはもともと少年愛を扱った少女マンガが好きで、萩尾望都《もと》の『残酷な神が支配する』をひそかに購読していた。インターネットが普及しはじめた頃、教団は非常に警戒していたけれど、ジャムさんはいちはやくパソコンを購入して家に置いた。子どもは『ポケットモンスター』や『ハリー・ポッター』シリーズに関心を燃やしていたし、じぶんは上に書いたような趣味を楽しんでいたので、ジャムさんは幹部たちから批判を受けもした。そのようにじぶんの個性は教義と認知的不協和を起こしていたが、信仰が救いになっていたから、眼を逸らしていた。

息子が中学二年生で洗礼《バプテスマ》を受けたが、三年生にあがると集会に行かないと言うようになり、衝撃を受けた。

**ジャム**　私が諦めたら、子どもがハルマゲドンで滅ぼされると思いました。子どもを助けるためにも、じぶんはやめるわけにはいかないって考えて、気が気ではなくなりました。でも、だんだんと思うようになったんです。信仰しなくなった者を「永遠に滅ぼす」と予告する神は、はたして教団が宣伝するような「愛ある神」なんだろうかって。

教団はそのような疑問を封じこめる言説をたくさん用意しているから、**教団外からの意**

**見を集めたくて、インターネットで情報を収集するようになった。**するると、脱会者たちのコミュニティが見つかって、エホバの証人2世として育てられた人々の声が集まっていた。読んでいくと、じぶんの子どもの気持ちが内側からわかってきた。じぶんがしてきたことに疑問が湧き、信仰の「自然消滅」を図るようになった。

## 信頼する先輩の離脱と、性被害の経験

はるかさんは大学生をしながら、じぶんにはしかるべきモティベーションがないと感じていた。統一教会に入信して、じぶんの役割を確信できる信仰を与えられたことは大きかった。何が神の側に、何がサタンの側に属すかと教育された。信仰を揺るがすものは遮断するように指示されたので、確証バイアスが発動した。しかしじぶんを教団に導いた先輩が離脱したことで、認知的不協和は一挙に高まって、その不協和を解消することができなかった。

あきこさんは摂理の教祖から性被害を受けたあとも、すぐに脱会しようとは思わなかった。確証バイアスによって認知的不協和を押さえつけていた。

**あきこ**　でも**組織ぐるみで性犯罪を隠蔽していることがわかってから、心のなかのグ**

**ラグラした気分は、どうにもならないくらいに高まってしまいました。**

## 発達障害が肯定的な力を発揮するとき

ウリウさんは、確証バイアスが非常にあったと語る。「信仰を崩してしまうものには近づかないように心がけ、じぶんの信仰を守るために試行錯誤した。ウリウさんに認知的不協和をもたらしたのは、組織の人間関係だった。第6章で書いたように、発達障害があると至高体験が近しいものになる。また発達障害があると、複雑なコミュニケーションが不得意になるため、騙される目に遭いやすいと思う。しかし発達障害があると、人づきあいを波風立たせずに維持することが難しいだけに、人間関係に執着せずに、所属する集団を抜けやすくなる面もあるだろう。また発達障害者は白黒思考が強い傾向があるために、興味をなくしたものには非常に冷淡になる。これも脱会の意志を後押しすると思う。ウリウさんは笑った。

**ウリウ**　発達障害のせいかもしれないけど、納得できないことには流されない。清濁併せ飲むことは苦手なんですよ。

**私の場合は、物心がついた小学校低学年のときに、じぶんの意志でなく入信したのだから、エホバの証人では認知的不協和ばかり体験することになった。**発達障害者として定型発達者の世界との断絶を感じ、宗教2世として宗教1世たちの世界との断絶を感じた。集会でじっと座っているのが難しく、家でムチをされては解離した。解離は胸苦しい体験にほかならないが、そのようにして心が体を脱出することで、痛めつけられている体から心を守る防衛機制だった。小学校高学年で教団の副読本を読みふけり、図書館で関連する書物を参照して矛盾を見つけ、じぶんを信仰心から解放できたのも自閉スペクトラム症の「こだわり」の力だったと思う。

## 損切りできるかできないか、という分水嶺

フランスとイギリスが開発した、商業的に失敗した超音速旅客機コンコルド。この事例から、「いままで注《っ》ぎこんできた資金や労力を考えれば、もはや後戻りはできない」という心理によって、ますます資金や労力を注ぎこんでしまう現象を、「コンコルド効果」と呼ぶ。かつてのナチス・ドイツや大日本帝国の失敗、あるいはウクライナに侵行中の現在のロシアも、このコンコルド効果によって説明できる部分が大きいはずだ。

信仰に関してもコンコルド効果によって、説明できる部分がある。宗教を信じる人々は

多くの場合、行くところまで行く。破産するまで献金する、家族が崩壊しても教団を抜けないなどの事態が展開する。宗教2世のための自助グループで対話していると、**脱会したいと信者仲間に相談しても、「いままで懸命に我慢しながら信仰を守ってきたのに、それが全部ムダになるのよ!」などと脅されたという話が出てくる。

コンコルド効果の落とし穴にはまらないためには、投資の世界で言う「損切り」ができるようにしておかなくてはならない。投資した株が値下がりしていったとき、ここで売っては損するだけだと考え、保持しつづけると、多くの場合さらに値下がりして損失がふくらんでしまう。ある程度まで値下がりした段階で、早期に売りはらう決断ができれば、損失をぐっと抑えることができるのだが、なかなかそれはできないものなのだ。

これは、行動経済学のプロスペクト理論を踏まえると、より明瞭になる。筒井義郎らの『行動経済学入門』(六一〜六九ページ)によると、「プロスペクト」とは「見込み」のことで、経済的選択の結果として得られる利益や被る損害について調査し、人間がいかにしてリスク回避的に振るまうかをまとめた理論だ。この理論によると、人間は損失を被ったときに、利益を得たときの二・二五倍の価値を感じるとのことだ。つまり一万円を得たら、その際には一万円分の利益を感じるが、一万円を失ったら、その際に感じる損失の程度は二万二五〇〇円分らしい。二・二五倍とは曖昧な数字だが、なんとなく説得力を感じさせる数値だなと思う。人間のこのような感じ方は、「現状維持バイアス」を生みだすことになる。つまり現状を変更させて損するならば、納得できないところがあるにしても現状を維持したほうがトクだと思ってしまうのだ。
インタビューをしていると、脱会した宗教1世たちはこの現状維持バイアスを克服した人々なのだと、別の言い方をすれば「損切り」の感覚に恵まれた人たちなのだと感じる。

## キリスト教系新宗教1世たちの損切り

あきこさんは、脱会できた理由のひとつは、摂理にはエホバの証人のような「楽園」や、統一教会のような数百代に及ぶ先祖の「解怨《かいおん》」といった壮大な世界観がなかったからだと語る。

**あきこ　いまさら外に出ても仕事はないし、友だちもいないと悩んだんですよ。考えてみるとじぶんの信仰心はたいしたものではないんじゃないかなと思えて。**
**横道**　それで損切りに踏みきったんですね。
**あきこ　「損切り」！**　ああ、まさにそういうことですね。

グレーさんも、「やめるに遅すぎることはない」と思った。残りの人生は限られているのだから、少しでも有効に使いたいと思った。それでエホバの証人としての活動に見切りをつけることにした。

ジャムさんは、エホバの証人2世として育った新しい夫と決意を固めて、脱会したいと周囲に告げると、夫の弟はじぶんの兄の信仰熱心さを尊敬していて、「ぜんぶがムダになる」と説得を試みてきた。しかしジャムさんは「これ以上は一秒もいられない」と感じていた。夫はやがて同調してくれるようになって、いまは一緒に信者だった時代以上に、深い信頼関係を築いている。ジャムさんは発達障害のグレーゾーンと診断されていて、固定した人間関係を長く続けるのが難しい。その特性が「損切り」に役立ったと考えることもある。

ちざわりんさんは、診断を受けたわけではないものの、じぶんに発達障害の傾向があると考えている。それでひとつの思念に囚われやすく、よく言えば、古い価値観から新しい価値観に脱皮するのも容易になった。エホバの証人が、じぶんたちが主張しているような「唯一の真《まこと》の宗教」ではないと知った以上、後ろ髪を引かれることはなかった。認知の再編成が起こったのだ。しかし脱会後の反動は大きく、絶望感からアルコールとギャンブルに走ってしまった。

## コロナ禍で損切りした創価学会員たち

ツキシマさんが損切りできたのは、鬱病を患って、会合に出ていけなくなったことが大きかった。やめると決意しても、誰からも引きとめられることはなかった。そのうちに始まったコロナ禍の状況が拍車をかけた。久しぶりに上映会に出かけると、ふだんはワイワイと騒がしく、それが楽しみだったのに、その折では飛沫感染を恐れて、みんな黙って静かに退場していた。世間も創価学会自体も、お通夜みたいだなと感じた。

ネギトロさんが創価学会の活動をやめたのも、コロナ禍の影響が決定的だった。会合などが中止になって、ひとりで考える時間が増えた。疑問に思っていたことを、インターネットで調べながら、頭の整理を進めた。

**ネギトロ**　創価学会って、会員が期待するほど社会から信用されることもなく、高齢化が進んで、衰退していくだろうって、予想できました。未来のある宗教じゃないなって感じたんです。財務に関心があったので調べたけど、それもパッとしなかった。創価学会がいま公式に伝えている情報と、過去の史料とのあいだに、さまざまなギャップがありました。教義や組織のあり方にも一貫性がないとわかりました。

ネギトロさんは、学会内でよく引用される日蓮の手紙のことを思った。

始めより終わりまで、いよいよ信心をいたすべし。さなくして、後悔やあらんずらん。譬《たと》えば、鎌倉より京へは十二日の道なり。それを十一日余り歩みをはこびて、今一日に成って歩みをさしをきては、何として都の月をば詠《なが》め候べき〔後略〕。

（『日蓮大聖人御書全集』、一〇六三ページ）

鎌倉から京都まで一二日の道程となる。それを一一日でやめてしまったら、京都の月を眺めることができようか、ということだ。もちろん信仰を貫きとおすことが美徳なんだ、という教えを伝えている。だがネギトロさんは、「都の月なんか眺めなくていいよ」と思った。もう三〇歳とも言えるが、まだ三〇歳とも言える。このあたりでやめておいたほうが良いよ、と思った。

インターネットが発達し、学会の「綻び」がいくらでも出てくる時代だ、とネギトロさんは指摘する。この組織をみんなで維持していける気がしなかった。これからもいろんなことが明るみに出るだろうから、その絶望を味わいたくなかった。

## 損切りの難しさ

ネギトロさんの例がよく示すように、年齢の問題は「損切り」をする上で大きなファクターになる。ちざわりんさんはまだ二〇歳だったが、それだけに一〇代を無駄にしたという絶望感は大きかった。その絶望感に従って、失った未成年時代を惜しみつつ、エホバの証人としての活動をやめた。正式に抜けると母と「断絶」（信者でなくなった者に対する忌避のこと）してしまうため、「自然消滅」の道を選んだ。

みほさんも、なかなか損切りに踏みこめないで悩んだ。目が覚めてみると、「二〇代のいちばん良い時」を教団にすべて捧げてしまったと思い、つらかった。多額の献金をして、活動を偽装するために制限のある生活をしていた。返ってこないものは大きかった。

はるかさんも摂理を抜けるときに、若い日々のすべてを無駄にしてしまうという不安に苛《さいな》まれた。その思いから、毎晩うなされて生活を送っていた。

ウリウさんは親鸞会の活動に打ちこんだ結果、大学を中退し、世間的な人間関係も絶たれていた。

**ウリウ**　三一歳だったんですが、これって「微妙な年齢」だったと思いませんか。それで焦りがありました。しかも**内部では「先生」として尊敬される立場になってい**

**たから、よけいにそうです。大学も中退したし、世間に出たら最下層だと思ったら、恐怖は大きかったですね。**

## 暗澹とした森

おそらく「損切り」ができて、コンコルド効果に陥らないでいられる人には、生まれつき、そのようなメンタリティが備わっているという事情もあるのではないか。そのようなことに思いを傾けていると、アメリカの作家ナサニエル・ホーソーンが書いた『緋文字』の一場面が思いだされてきた。姦通を犯した母と、生まれてきた娘は、森の奥深くへ入っていく。

ふたりが腰をおろした場所は小さな窪地で、枯葉にうずもれた土手がゆるやかに両側にせりあがり、そのまんなかを小川が、落ち葉の沈む川床のうえを流れていた。小川におおいかぶさる木々は、ときおり、その大きな枝を投げ落とし、流れをせきとめ、ところどころに渦巻きや黒い淵をつくり、もっと流れが速く激しいところでは、小石の水路や、褐色にかがやく砂底が見えていた。流れを目で追っていくと、森のさほど奥深くないところで、その水面から反射する光をとらえることができたが、それもやがて木の幹や下ばえのもつれや、あちこちに散在する灰色の苔におおわれた大きな岩のあいだにあとかたもなく消えてしまった。こういう巨木や大理石の岩たちは、おそらく、おしゃべり好きの小川が、水源の古い森の奥の物語をふとささやいたり、水よどむ淵のなめらかな鏡面にその秘密を映し出したりするのが心配で、小川のゆくえを内緒にしておこうと心に決めているらしかった。実際、小川は、ゆるやかに流れながらも、つぶやきをやめることはなかった。そのつぶやきはやさしく、静かで、滑らかだったが、戯れることもなく幼児期をすごし、悲しげな人たちと陰気な色合いの出来事にかこまれて育ったために陽気にふるまうすべも知らぬ幼い子供の声のように陰鬱であった。

（ナサニエル・ホーソーン『緋文字』、二六九ページ）

私が小学生のときに「損切り」できていなかったらと思うと、この森の描写のように、心に暗澹たる影が射してくる。

第8章

# 依存しすぎる病気に飲みこまれて

## 信仰と依存症

依存症の「依存」(dependence) は「嗜癖《しへき》」(addiction) とも呼ばれ、酒や薬物などの物質に溺れる場合は「物質依存」、ギャンブルなどの行動に溺れる場合は「行動嗜癖」と呼ばれる。物質に溺れる場合と行動に溺れる場合とで言葉が分かれているのはややこしい。さらに言えば、世の中にはいくらでも健全な「依存」はあって、むしろ人や物や事にまったく依存することなく人生を送れる者なんて、この世にひとりもいないはずだ。だから依存症の議論はとても難しいと感じる。以下では病的な「依存」と「嗜癖」を「依存症」と呼ぶことにする。

第4章で話題にした「アノニマス系」の自助グループでは、依存症の当事者は「神」や「ハイヤーパワー」などをじぶんなりに設定して、その超越的な存在を信じることで回復していくことができると考える。詳しくは私自身の自助グループ活動をフィクション仕立てで説明した『唯《ゆい》が行く!』を読んでいただきたいのだが、信じる対象は神でも仏でも大宇宙の意志でも、人類でもじぶんが創造した虚構的な存在でも良い。

これは結局、依存症の対象を一般的な対象から宗教的な対象へと振りかえる行為と言えるだろう。一般的な依存症の対象とは酒、薬物、ギャンブル、窃盗、恋人、セックス、性犯罪、買い物などだ(ただし、これらの一部が、ほんとうに依存症なのかどうかについては、議論が決着していない）。アノニマス系の依存症自助グループがやっていることは、**依存先を毒性の高い酒などから毒性の弱い神に振りかえることで、心と脳の空っぽさを埋め、回復の役に立たせるという発想で、これは依存症治療で近年注目が集まっている「ハームリダクション」につうじるものと言える。**伝統的に依存症の治療では、対象となる物質や行動を完全に断つ（酒ならば断酒）ことを原則としてきたが、それはじつに困難なことがさまざまなデータから明らかになっている。むしろ酒の量を以前よりも減らす、たまに多く飲むのならOKということにする、といったハームリダクション（被害を減少させること）によって、依存症治療の真の成功と言えるのではないか、と発想の転換が求められるようになった（松本俊彦ほか『ハームリダクションとは何か』、三〜五ページ）。

以上のような理解の上に立って、私はアノニマス系で採用されている神ないしハイヤーパワーの概念は、うまく考えられたものだと思っているものの、問題は私と私の仲間たちが宗教2世だという点にある。宗教1世たちは、いろんな体験を経てじぶんから進んで宗教に入信した人々だが、宗教2世は信仰せざるを得ない環境に置かれていた人々なので、脱会後は「宗教はもうこりごり」と思っていることが多い。私もそうだし、私がやっている宗教2世のための自助グループに来る仲間たちも、多くの場合はそうだ。私はまさにこのような事情があるからこそ、アノニマス系をあえて参考にしない仕方で、じぶんの自助グループを運営してきた。

いずれにしろ、依存症と信仰の近さということは注目に値する。信仰への没入感はアルコール依存症者の飲酒を思わせる。もっとも、カール・マルクスが『ヘーゲル法哲学批判序説』で「宗教は抑圧された生きものの嘆息であり、非情な世界の心情であるとともに、精神を失った状態の精神である。それは民衆の阿片である」と書いたことは広く知られているから、近代社会では宗教と依存症の親近性は、むしろいまさら言うまでもないような認識だと考える人もいるだろう（『ユダヤ人問題によせて／ヘーゲル法哲学批判序説』、七二ページ）。しかし自発的に信仰を求めた宗教1世たちが、脱会した現在、信仰と依存症の関係について、どういう見取り図を持っているかという問題は、私の関心を大いにそそった。

私の実家では母がエホバの証人として信仰を持ち、父がアルコールへの依存症に溺れていた。私は宗教2世でもあり、アダルトチャイルドでもある。アダルトチルドレンとは、現在では「機能不全家庭の出身者」（アダルトチルドレン・オブ・ディスファンクショナル・ファミリー）を意味することが多いが、もともとは「おとなになったアルコール依存症者の子どもだち」（アダルトチルドレン・オブ・アルコホーリクス）だった。母は父の酒に対する耽溺を否定し、父は母の信仰を理解していなかったが、両者はほとんど同じ依存症状態にあったというのが私の理解だ。片方はアルコールへの依存症、もう片方は信仰への依存症。

## 神に酩酊するイスラム神秘主義

一一世紀のペルシア（現在のイラン）で、オマル・ハイヤームが四行詩集というスタイルでまとめた『ルバイヤート』は、私の大のお気に入りの本だ。酒と女という現世的な享楽が歌われるのだが、それがなんとも宇宙的で俗世じみていない。

花のころ、水のほとりの草の上で、／おれの手をとるこの世の天女二、三人。／世の煩いも天国ののぞみもよそに、／盃にさても満たそう、朝の酒！

（オマル・ハイヤーム『ルバイヤート』、九四ページ）

表面が世俗的に見えようとも、『ルバイヤート』に収められた詩のかずかずは、実際にはイスラムの信仰を文学的な比喩によって表明したものではないか、という解釈が古くから知られている。つまり酒や女は神に陶酔し、神に惑溺する心境を間接的に表現したものだというわけだ。

同じことは、一四世紀にやはりペルシアで活躍したハーフィズの作品にも言える。引用してみよう。

神秘主義者《スーフィー》は酒の輝きから隠れた秘密を知り／この紅玉から人の本性をそなたは知る／薔薇のすべての価値を知るは暁の鳥だけ／一頁だけ読む者に書の真意は分らぬ／私が経験に富む心に両世界を示すと／心はそなたへの愛は不滅／他はすべて滅びると知った／いま人びとの噂を気にする時は過ぎ／警吏《ムフタシブ》さえわがひそかな愉しみを知る／恋人はわが安らぎを時に適うと思わない／さもなくば、私を哀れと思うはず／イエーメンの微風《そよかぜ》の価値を知る者はみな／祝福の眼差しで石と土を紅玉と紅玉髄に変える／理性の書から愛の句を学ぶ者よ／愛の微妙さを真に理解せぬであろう／酒を持ち来たれ、秋風の掠奪を知る者は／世の花園に咲く薔薇を誇らない／ハーフィズが心から作るこの詩の白珠《しらたま》は／第二のアーサフの保護の賜物

（『ハーフィズ詩集』、三九ページ）

何を言いたいのか判然としない、私たち現代の日本人には読みときがたい詩だが（詳しい解説は収録先の『ハーフィズ詩集』をご覧いただきたい）、ざっくり言えば神秘主義の方法で神への接近を図る者たちと同じく、一般人の私たちでも、恋人への愛のようなものとして、まばゆい宝石群のようなものとして、うまい酒のようなものとして神への帰依を喜ぶという内容が歌われている。

つまり**中世のイスラム社会でも、信仰は酒への酩酊につうじるものとして、依存症の要素を持ったものとして認識されていた**ということがわかる。

## エホバの道具と南無妙法蓮華経

リネンさんは、信仰と依存症の関係は似ていると考える。精神保健福祉士としてクリニックに務めていたことがあるが、そこの院長は「カルト宗教も依存症のひとつです」と言っていた。たしかに構造的に似ているとリネンさんも思っている。

エホバの証人の共同体に依存していると、じぶんで考えなくて良いから楽だった、とリネンさんは語る。判断を委ねてじぶんで考えるのを放棄することができた。「エホバの道具になりきるように」と激励された。「エホバの気立ての良い娘でありなさい」とも言われた。初めから自主性を手放すことに積極的ではなく、抵抗する思いもあったけれど、いざ手放してみると、守るべき大きなものがなくなって、楽だと感じた。時間を差しだし、雑用を引きうけ、手話通訳の任務に没頭した。夢中になりすぎて歯止めが利かなくなり、体を壊したが、断るのは悪いことだと思っていた。

ツキシマさんも宗教と依存症は近いものだと考える。勤行をして、「南無妙法蓮華経」を唱えるのを繰りかえした。創価学会の会員たちは、何時間もそれをやるんだと自慢しながら話している。「八時間、唱題しました！」のように語る。ツキシマさんが文字曼荼羅に向かってずっと唱えていると、酩酊感がやってきた。池田大作の手足となりたいという思いが強まった。ふだんの活動も同様で、ギャンブルのように延々とやってしまっていると感じていた。

**横道**　そんなにのめりこんだのに、脱会後に反動のようなものはなかったのですか。

**トモ**　それが、はっきりしたものはなかったんですねえ。しばらくは落ちつかなかったけれど、二、三週間するとそわそわしなくなりました。

**横道**　そうなんですね。依存症状態になってしまう人と、何が違うと思いますか。

**トモ**　わからないけど、鬱病になっていて、病気になっていて、動くエネルギーがなかったのがプラスに働いたのかもしれません。

## 仕事中毒と自傷行為

ネギトロさんは、信仰が依存症だとは感じなかった。

**ネギトロ**　でも役職を得て忙しくなって、創価学会を中心に生活が回っていたことはたしかです。**アルコール依存症（アルコホーリック）ではないとしても、仕事依存症（ワーカホリック）ですから、ある意味では依存症者ですね。**

いろんな人たちに貢献することは、生きがいになった。信仰しなければ良かったというような被害意識は、まったくない。それなりに意味があることをやっていたという思いがいまでも残っている。たとえば活動をつうじて、他者と関わる力が養成された。

みほさんには入信前にリストカットの習慣があった。自傷行為は、現在では依存症として論じられることが多くなっている。傷つけ、血を流すことで、人は興奮状態に陥いるからだ。つまりさまざまな薬物同様に覚醒作用がもたらされる。みほさんには、タバコの習慣もあった。ニコチンという化学物質への依存症だ。

かつて飲酒に関しては「ほどほど」だったが、いまは飲む量が多く、夜勤明けにもたくさん味わっている。合同結婚式に参加したものの、婚姻届は出さなかった。「それでも統一教会にハマって、いちばん良い時間だったはずの二〇代を台無しにしたのが悔しいんです」と声を絞りだす。

## 脱会後の依存症

ジャムさんは、子どもにムチを振るいながら、どうしたら良いのかと苦しんでいた。

**ジャム** 教義にしたがって、子どもを暴力で打ちのめすたびに、たまらない罪悪感に苛まれました。

**横道** ……。

**ジャム** **不安を解消するために、じぶんからエホバ神に心身を委ねて、支配された状態になっていたと思っています。**

**横道** それは一種の依存症と言えるものでしょうか。

**ジャム** わかりません。子どもに対してじぶんが暴力を振るい、じぶんに対して夫が暴力を振るう。とにかく地獄でした。

**横道** 教義のせいで離婚できない絶望もありましたよね。気の持ちようは、どうしていたんでしょうか。

**ジャム** とにかくエホバに祈ることでした。毎日毎日、祈りました。早くこの悪夢から覚めたいって、思いながら。

おそらくジャムさんにとって、宗教は依存症ではなかった。いつかこの酒で酔えると信じながら飲みつづける水のようなものだった。

ジャムさんが再婚した相手は、エホバの証人2世として育てられた男性だった。結婚して数年後に、子どもと夫と三人で教団を抜けた。夫はかなりの酒飲みだが、優しい人だ。夫が酒に溺れているとは思わない。多趣味な人なので、その一環としてお酒をたしなんでいるにすぎないと判断している。ジャムさんや子どもに暴力を振るうことはいっさいない。

同じくエホバの証人2世のちざわりんさんにとって、信仰は逃げ場だった。エホバの証人1世の母親を見ていても、回避性パーソナリティ障害ではないかと思うくらい、さまざまなものからの逃げ場として、信仰を維持していると感じる。宗教は民衆の阿片だと言ったマルクスの言葉は正しいと考えているが、他方で宗教が死にゆく人にとって救いになるものだということは、終末期ケアの仕事をつうじて、しっかり理解している。ちざわりんさんは脱会後、アルコールとギャンブルに溺れて、人生が低迷した。一〇代の貴重な日々を無駄にしたと感じ、自暴自棄になった。なんとか仕事を続け、人生の新しいキャリアを築けるようになったことで、依存症から解放された。

## 趣味が依存症の代償となった事例

はるかさんは、宗教が依存症だと考えている。少なくともじぶんと摂理の関係はそのようなものだった。脱会したあと、依存症の対象を失って混乱してしまった。カルト宗教に勧誘された被害者でもあるが、カルト宗教に勧誘し、組織を運営していた加害者でもある。心が骨折したような状態で、これでは生きていけないと思った。

**はるか**　結婚した相手からも捨てられて、死ぬことばかり考えていました。でもカウンセリングしてくれた人が、いつでも電話して相談してって言ってくれたことで、救われました。それから音楽にも助けられました。私が好きな音楽は、宗教上の礼拝に関わるものなんですけど。バッハとかゴスペル、それとコンテンポラリー・ワーシップ・ミュージック。

グレーさんも、じぶんの信仰生活は依存症だったと感じている。じぶんで考えなくて良い日々は楽だった。しかし脱会したあとにはるかさんのような反動はなかったという。「クズのようなものに関わりたくない」と思った。自転車に乗って半日をかけて長距離走行することでストレスを発散する。絵を描くのも好きだ。

## 別の宗教に再入信する

脱会した宗教1世は、しばしば別の宗教に入信する。宗教2世にもそういう事例はあるが、2世は多くの場合、もう宗教に関わりたくないという思いの人が多い。しかし1世はもともとじぶんで宗教に惹かれた人だから、そもそもそういう素養のある人たちなのだ。カルトからの脱会支援に関わる宗教関係者も、「素養のある人」と思ってたいせつにする。エホバの証人、統一教会、摂理などのキリスト教系新宗教に所属していた人は、「教団はまちがっていたが、聖書そのものはまちがっていない」「唯一絶対の神の存在までは否定しない」と考えることが多い。それがどの程度「マインドコントロール」の影響なのかは、誰にもわからないことだ。

ウリウさんの場合は、親鸞会を抜けてから、正統的な浄土真宗の大谷派に入信した。私はウリウさんと話しこんだ。

**ウリウ**　正直言って、宗教と依存症は似ていると感じますね。滋賀県の寺で住職を務めてるけど、**カルト宗教から脱会したあと、アルコールやらセックスやらに溺れる人がいるように、じぶんも新たな信仰に溺れているだけではないのっていう疑いは拭《ぬぐ》いきれません。**

**横道**　そうなんですね。正直ですね。

**ウリウ**　「新興宗教」に対して世間は優しくないでしょ。親鸞会にいたとき、布教のたびにつらい目に遭ってました。マスコミからはバッシングされるし、浄土真宗の各派からは無視されて、迫害されているって感じてました。それもあって、ますます信仰にのめりこんで、どっぷり浸かってたんです。いまもそのときとどう違うか、完全にはわかりません。

## 私の事例

私は小学生の終わりまでで信仰生活を抜けたが、それ以前の一時期は、ごく短いあいだだが、エホバの証人の教義を熱心に信じようとした。教団専用の『新世界訳聖書』を読み、教団が出した副読本のうち、じぶんの趣味に合った内容のもの（歴史研究的な記述があったり、科学的な印象の記述があったりする本）を読み、関心を高めようとしていた。興味が深まれば、集会も退屈なものではなくなることがわかっていたし、母も私の態度に満足して、「ムチ」をやる頻度がさがることも知っていたのだ。夢中になって教義を理解しようとしていたときに私を駆動したのが、発達障害者に頻発する「過集中」だったのか、依存症だったのか区別はつかない。

私の信仰生活は五年間足らずだったが、その時代に経験したことは、それから三〇年以上のあいだ、日常的なフラッシュバックとして私を襲いつづけてきた。ときどきそういうことが起こるという程度ではなく、毎日「地獄行きのタイムマシン」に乗せられている。自閉スペクトラム症があると、さまざまな過去の記憶を、どうということのないものを含めて雑多にひっきりなしにフラッシュバックするが、その特性と複雑性PTSDの症状が混じりあっているのだろう、というのが私の自己診断だ。第3章で書いたように私には幽体離脱の感覚があるが、それは「地獄行きのタイムマシン」に乗っているときに、ますます明瞭に感じられ、どこまでも胸が苦しくなる。

そのようなわけだから、私が依存症の罠に陥るのは順当なことだった。依存症の患者は、酒や薬物に対して享楽的に、だらしない仕方で溺れていると考える人は、いまでも多い。しかし最近では、精神科医のエドワード・J・カンツィアンらが提唱した「自己治療仮説」が支持を広げている。依存症を患うものは、溺れる対象が気持ち良いからではなく、すなわち快楽を求めてではなく、溺れることで苦しみから逃れられるので、必死に酒や薬物やギャンブルにすがりついているという考え方だ。私は当事者として、依存症とはまさにそういうものだと感じる。

私の若い頃の性行動は無軌道だったが、それがいわゆる「セックス依存症」だったのかどうかはわからない。セックス依存症は正式には強迫的性行動症と呼ばれ、二〇一八年に世界保健機関が精神疾患として認めた。ただし、それが酒や薬物やギャンブルに対するのと同じような依存症なのかどうかについては、いまでも議論が続いている。私はじぶんの性行動は依存症だったような気がするが、若い男性がセックスやオナニーに対して執着が激しいのは一般的なことでもあるから、ほんとうにそうだったかどうかはわからない。

酒に関しては、重症ではなかったものの依存症になり、いまでも依存症専門の治療に通っていて、以前よりはずいぶんと飲む量が減った。過食と拒食の摂食障害も依存症と位置づけられていて、私には過食があるが、診断されるにいたっていない。とくに甘い飲食物に目がなかったが、糖尿病を診断されて、ゼロカロリーの商品をよく購入するようになった。代償として毎日何度も飲んできたコーヒーの摂取量が増えた。**これらを嗜《たしな》むようになったのは、一様に「地獄行きのタイムマシン」の暴走に歯止めをかけたかったからだ。**

## 趣味か依存症か

自閉スペクトラム症には収集癖が付随することが多く、私も小さい頃からさまざまなものを集めてきた。昆虫の標本、切手、アニメキャラの描かれたカード、古めかしい少女マンガ、B級の海外猥褻小説、古書価が高騰した怪奇マンガ、マニアックな音楽のレコードとCD、カルト映画のDVD、昭和レトロな日用品や雑貨やおもちゃなど。

読書とインターネット検索によっても興味がある対象の雑多な情報を収集した。**モノと情報の収集は、私にとってほとんど依存症だった。**やりたくて始めたはずなのに、所有物が増えすぎたり、時間が奪われたりするので、やめたくなるのだが、やめられない。だから趣味の範囲を逸脱して、依存症になってきたと思うのだ。

なかでも最大の依存症の対象は文学作品かもしれない。レイナルド・アレナスは自伝的小説『夜になるまえに』で、監房に入っていたとき、古代ギリシアの詩人ホメーロスによる『イーリアス』が盗まれるという事件が起きた、と記している。タバコの巻紙やトイレットペーパーに流用するためだったようだ。友人が差しいれで代わりの『イーリアス』を持ってきてくれる。

つぎの面会日に、フアン・アブレウは『イーリアス』を持ってきてくれた。フアンが帰るとすぐ、レーニン公園で逮捕されたために終われなかった最後の詩篇を読みはじめた。読みおえたとき、刑務所に入ってからは泣いたことがなかったのに、泣いてしまった。隣のベッドで寝ていたロドルフォは、ぼくが一冊の本を読みおえたことで泣いていることが理解できず、慰めてくれようとした。心配いらん、お袋さんはきっと今度の面会日に来てくれる、すぐに釈放されるんだから泣くこともないだろ、と言ってくれた。

（レイナルド・アレナス『夜になるまえに』、二九二ページ）

私も文学作品を読んでいて、それがじぶんにとってほんとうに大切だと感じる瞬間を多く持った。じぶんの傷ついた心を慰め、もっと欲しいと感じ、ほかのさまざまなことよりも優先して文学を求めてしまう。そのようにして耽る**読書は、依存症の要素を持たないだろうか。少なくとも自己治療をするためにのめりこんでいるという点で一致している。**

## 依存症とマインドコントロール

宗教に対してアディクションのようにしてのめりこむことで、いっそう強力に異世界体験を経ることができる。それによって次第に従来の常識が別物へとスライドしていく。依存症は主体の意志を超えていて、のめりこむ対象によって支配され、動かされているような感覚になる。このような事情で、脱会した宗教1世たちはじぶんたちが「マインドコントロール」を受けていたと証言する理由になっているのではないだろうか。つまり、**依存症がマインドコントロールを実現しているのだ。**

# 第9章

# 改宗、オカルト、ニューエイジ、自己啓発セミナー、マルチ商法、スピリチュアル系、自然派カルト、陰謀論、極左思想、ネトウヨ言説

## エホバの証人からプロテスタントへ

脱会後に別の宗教に移行した宗教1世について第8章でも少し述べたが、本章ではより本格的にその成りゆきを追ってみよう。

リネンさんは「姉妹」との共同生活の二年めに体調を崩し、病院に入ることになった。消化器系の遺伝病で、入院期間は九ヶ月にもわたった。信者仲間が教団の本をいっぱい持ってきてくれたので、それを看護師たちや患者仲間に配布した。内面ではがんばっていくつもりだったが、退院してもまた再入院して半年の病院生活を送ることになった。過酷な宗教活動に従事していたから、そのストレスも関係していたと考える。

実家の家族が心配して、情報を調べて被害者の会の存在に気がつき、リネンさんの救出カウンセリングを計画した。神戸在住の牧師が対応にあたった。リネンさんは当時を思いかえす。

**リネン**　「このシチュエーションで反対する牧師の話を聞くのはNGだ」って、エホバの証人としてのセンサーが働きました。でも親が治療費をすべて出してくれていて、申し訳ないという後ろめたさがありました。信仰の内容について聞かせてもらいたい、納得できたら家族も入信すると親が約束してくれたので、頭ごなしの反対ではなくって、心配からそういう場を設定してくれたんだとわかったので、「人として誠実に応じないといけない」と思いました。牧師は元エホバの証人たちのような「背教者」ではないから、「伝道するために会うならＯＫ」とじぶんを納得させました。

「サタン」をイメージして牧師を警戒していたが、どう接していても聖書と人間を愛している人だと感じられた。罵詈雑言を浴びせられ、無理やり信仰を捨てさせられるのではと想像していたが、そんなことはまったくなかった。キリスト教の出版物に対する拒否感は相手も承知しているため、そのたぐいの出版物は持ちださない。逆にエホバの証人の出版物を参照しながら対話することを許してくれた。

リネンさんは教団の見解を確認し、調べながら対話に応じることができたので、一般信者は手にしない、ギリシア語の校訂本文と英語を緻密に対照した「王国行間逐語訳」をも使用しながら、牧師と見解を交換した。すると、どうにも『新世界訳聖書』の翻訳が信用しがたいことがわかってきた。エホバの証人では何度も「ハルマゲドン」が予言され、予言が失敗しても謝罪してこなかったこともわかってきた。そしてリネンさんは、このような嘘を平気で吐《つ》く組織にはこれ以上は所属したくないと思うようになった。

そのあとにも精神状態の揺り戻しはあって、「全体がサタンの企みじゃないか」と疑ったこともあるし、「世話になった兄弟姉妹たち（信者仲間）に申し訳ない」とも思った。エホバの証人の出版物に感じた矛盾を書いて、支部に質問のファックスを送った。長老たちがやってきて対話してくれたが、疑問についてきちんと答えてくれず、納得のいかない回答が繰りかえされるばかりだった。

一九九八年に長老に手紙を書いて、「断絶」を選んだ。じつは同じ会衆のなかに、結婚を考えている男性信者がいて、両親は一緒に脱会するんだったら結婚を認めると言っていたが、縁は切れた。組織に対する疑問を小論文にしてその人に送ったものの、読んでくれなかったかもしれないと考えている。

二〇〇〇年から放送大学に入って、心理学や教育学を学び、卒業論文で「じぶん史」を考察した。なぜカルト宗教に入信したか、エリク・H・エリクソンの理論をもとに考察した。じぶんを助けてくれた牧師がエホバの証人の信者から訴訟を起こされたのを知り、立ちあがった支援ネットワークに参加した。**「オセロが黒から白になるように、浅はかな宗旨替えをしたとは思っていません。でも、この世の創造者がいるという確信は変わらなかったんです」と語る。**脱会してから一年くらいで大野キリスト教会員になったが、「熱心なクリスチャンではない」とも語る。三五歳のときに脱カルト協会のスタッフになり、現在は理事を務めている。

## 統一教会からプロテスタントへ

　はるかさんは信頼していた先輩が信仰から離脱すると、活動意欲をなくして韓国から帰国した。参加する予定だった合同結婚式には、参加しないままになった。会社員と同棲状態になったが、『原理講論』は信じたままだった。救済の「原理」はまちがっていない、組織が不完全なだけだと思っていた。**文鮮明がじぶんを探しに日本までやってくる夢を何度も見て、韓国に戻ろうかと悩んだ。**結婚まであともう少しというところまでいったが、結局は関係が破綻し、一年ほどで実家に戻った。

　日本の一般社会に溶けこむうちに、統一教会の人たちよりも「ふつうの人」のほうが愛にあふれた人たちなんじゃないかと感じだした。アルバイト先にプロテスタントの女性がいて、『聖書』が話題になると、「一緒に教会に行ってみない？」と誘われた。それがきっかけで、軽井沢の教会でカルト救出カウンセラーの牧師から、カウンセリングを受けるようになった。一九九四年に二八歳で統一教会に脱会届を送った。福祉系の大学を出ていたが、かつての夢を忘れられず、音楽大学に入学した。重度の障害者の介助者として働きながら、大学に通った。

　東京に住んでいたが、再婚後は倉敷に移住した。現在はプロテスタントの教会に属し、カルト宗教からの脱会支援に携わっている。

## 親鸞会から浄土真宗へ

ウリウさんは親鸞会を抜けたあと、結婚。それまで宗教に向けていたエネルギーを仕事に「全振り」したものの、心の虚しさを埋めることができなかった。マンションを購入し、子どもも生まれたけれど、虚しい思いは募るばかりだった。それでいろいろな宗教を体験してみたけれど、結局は正統的な浄土真宗がいちばんしっくりきた。入信し、寺に入って住職になったが、いまでも心は虚しいと感じる。**「教団の代わりを求めて、なんで住職やってんだ、馬鹿だなあって思うんです」**。布教に熱心な住職だが、その点に親鸞会のときのじぶんの姿勢が残っているとも感じる。

## オカルトとニューエイジへの関心と反発

私の場合には、エホバの証人の信仰生活を抜けたあと、宗教の道は絶対に考えられないものだった。しかし信仰心がなくなった空隙《くうげき》を補完するかのように、中学生になった私をオカルト趣味が魅了するようになった。雑誌『ムー』のような世界観に囚われるのは、この年代の少年少女にとっては珍しくないことで、いわゆる「中二病」の時期が始まっただけかもしれない。

だが、それがほんとうに「中二病」として終わらせられるものだったのかどうかとなると、微妙なところだ。私にはじぶんに植えつけられたエホバの証人の教養を、彼らが「サタン的」と見なす世界観によって相対化したいという思いがあったが、しかしそのような空想的な世界観に私を吸引したものが、エホバの証人の終末論を核とした教義体系だった可能性もある。オカルト関係の雑誌や書物に書かれている記述を私は興奮と後ろめたさを抱きあわせにしながら読んでいた。

とくに、ナチスをめぐる関心が芽生えていて、私はそれによってなおさらオカルト的世界に惹きつけられた。たとえば**南極にナチスの秘密基地があって、ヒトラーはまだ生きていて、地球外生命体と接触することによって「第四帝国」を成立させ、人類の新時代に入るというようなオカルト情報は強く印象に残った。**しかしこれは、二〇一四年の『ムー』に並木伸一郎が発表した記事「南極のナチス第4帝国と地底UFO」を読んで思いだした記憶なので、どこまで並木の記事の情報で、どこまでが記憶の源泉となった記事の情報なのかは判然としない。

一九八〇年代から「ニューエイジ」または「精神世界」と呼ばれる思潮が世界的に流行していた。イエス・キリストの時代から「魚座の時代」が続いていたが、いまや「水瓶座の時代」という「新時代」に入りつつあるというオカルト思想だ。エマヌエル・スヴェーデンボリの霊界に関する思想、「動物磁気」による治療を主張したメスメリズム、ラルフ・ウォルドー・エマソンが提唱し、ヘンリー・デイヴィッド・ソローらによって支持された超絶主義、物質に対する精神の優位を主張したニューソート運動、ブラヴァツキー夫人らの神智学やルードルフ・シュタイナーらの人智学といった西洋の過去の潮流に、西洋人が新しく出会ったインド哲学、道鏡、禅仏教などの東洋の思想を合流させたものだった。

私はこれらに関する本をたくさん読んで、じぶんの「至高体験」を読みとく鍵がこのあたりにあるのだろうと見当をつけつつ、エホバの証人の教義につうじる荒唐無稽さに対する反発と、「怪しいものには距離を取らなければならない」という研究者を志望する若者としての自負から、ニューエイジの思想をじぶんのものとして引きうけることはできなかった。

最近は一部のスピリチュアル系の人たちのあいだで、「風の時代」という言葉がよく口にされている。西洋の占星術では、一二星座を地水火風の四元素と絡め合わせて考えていて、二〇二〇年末に、二〇〇年ほど続いた「地の時代」から「風の時代」に入ったと言われているのだ。四〇歳で大学を休職したあと、これからどうしようかと思って絶望し、いままでは無視してきたさまざまなオンライン講習会に参加したのだが、ある講習の終わりに主催者たちが「風の時代」がどうのこうのと語りだして、参加者たちの一部も同調して盛りあがっていたので、驚いてインターネットを検索し、これらの言葉を初めて知った。

私はなんという集まりに参加してしまったのかと衝撃を受け、チャット機能で「気持ち悪いです」と書いて、参加者全員に宛てて送信しようかと思ったが、立派なおとなのすることではないと判断して、踏みとどまった。

## かたわらをかすめていった自己啓発セミナーとマルチ商法

高校二年生のときテレビ放映された『新世紀エヴァンゲリオン』は、私の人生にとって非常に大きな意味を持った創作物だ。聖書的世界に関する大量の蘊蓄が自然科学や工学の用語と混ぜられ、つぎつぎに視聴者の意表を突く展開が繰りだされていくさまに、私は酔った。以前から監督の庵野秀明に注目していた私は、まだこの作品が世に知られていなかった頃から、周囲に熱心に「布教」して回っていた。時代はオウム真理教の犯罪が大騒ぎになっていた頃で、当時の世相とこの作品の内容と様式は絶妙に共振していた。

当時まったく斬新だったこのアニメ作品は、制作現場にとって負担が大きく、庵野監督も疲弊して、第二五話と第二六話（最終回）では最終決戦という作品の本来の結末が放棄され、主人公の少年が身近な人々との対話を重ね、心を深掘りすることで自己肯定に目覚め、拍手によって祝福されながら完結するという展開が描かれた。私の周囲ではこの「作品放棄」に憤る友人が珍しくなかったものの、私は「こんなことがアリなのか！」と未知の体験に興奮して、庵野監督への信頼の念を深くした。この最終回に対して評論家の大塚英志が『読売新聞』で、「オウムを超えるはず」の作品が、「自己啓発セミナー」に終わったと厳しく批判し、私はこの「自己啓発セミナー」という言葉を初めて知った。

私は世間知らずの高校生だったので、事情に疎かったけれども、世間では自己啓発セミナーが物議をかもすようになっていたようだ。この時期に宗教学者の島薗進は参与観察の結果を報告している（『精神世界のゆくえ』、一二九〜一五〇ページ）。土曜日の朝、八〇人が集合して四日間のプログラムに参加する。四分の三くらいは二五歳から三五歳までに見え、男性よりも女性が少し多い。ファシリテーター（トレーナー）の指導のもとに、ふたりで座って相手の眼を見つめあう、部屋を歩きまわって自己紹介を続ける、相手の顔について説明する、参加者それぞれの第一印象を語るなどの「ゲーム」をして、参加者たちにありのままの現実に直面させるように図る。閉じこもろうとしている参加者には詰問して悩みを告白させ、自己変容の必要性を突きつける。そのさまに感動して、参加者たちはその場にもっと没入する。

島薗は解説する。参加者は、ほかの参加者と交流して親睦を深めるとともに、彼らから厳しい評価を受けることで、与えられている現実をそのまま受けいれ、自己浄清や共生の感覚に感動しながら覚醒し、自己の責任の範囲を引きうけながら、じぶんの活動を最大限に効率化できるように考えを固めるのだと。ここから容易にわかるように、自己啓発セミナーとは、きわめて宗教的な体験を世俗のレベルでやっているものということになる。一九七〇年代からアメリカで大流行し、日本にも入ってきたが、一九九〇年代に厳しく批判されて、現在は衰退しているらしい。

私は自己啓発セミナーに参加したことはないものの、大学時代にアルバイトをしていて、しばしば「オリエンテーション」の場が自己啓発セミナーのようだと感じた。現在は自助グループ活動をやっているが、研修のつもりでほかのグループに参加すると、主催者が自己啓発セミナーのようなノリでやっている場合もある。「生きづらさを抱えて負け組になっているじぶんたちが、どうやって勝ち組の側に回るか」ということをテーマとして設定し、参加者たちを煽っている。じぶんの体験談を話した人に向かってみんなで拍手するなど、不気味な印象がある。

第1章で「自己啓発系」の読書を好むビジネスパーソンを対象とする動画に出演したと書き、「自己啓発系」に夢中になる人たちはバカにできないと擁護したが、この「自己啓発セミナー」のことを考えると、やはり自己啓発には、さまざまな問題があるように感じられてくる。とくに第2章で考察した公正世界信念との結びつきが強いのが気になる。勝敗の理由づけに積極的な姿勢を維持するために、被害者非難が発生しやすいと思う。私としては、自己啓発とは正反対のことをやっているつもりで、それが自己啓発を好む人たちに影響を与えることで、視野を広げてもらえればありがたいと考えているのだが。

自己啓発セミナーの手法と結びついていることがよく指摘されるマルチ商法にも、私は関わったことがないが、被害にあった学友などはまわりに数名いた。単純にカラクリの嘘が見抜けなかったというだけではなく、宗教的な手法で特定の世界観へと「マインドコントロール」されてしまったことについて、率直に同情を覚える。

## スピリチュアル系と自然派カルトに対する二律背反

「ゼロ年代」とも呼ばれる二〇〇〇年代、私は二〇代だった。この時代には「スピリチュアル系」または略して「スピ系」という言葉が、巷で頻繁に使われるようになった。オーラ、前世占い、パワースポット、癒し空間、ヒーリングなどの言葉を見かけることが多くてうんざりした。女性の生殖機能に過剰な「癒し」の意味づけをする「子宮系カルト」という言葉を初めて聞いたときには、仰天した。

隆盛を極めていたSNSのｍｉｘｉでやたら意気投合するなと感じた同年齢の女性がいて、会ってみたら、それまでは想像がつかなかったものの、スピリチュアル系の人だった。田口ランディやある時期以降の吉本ばななについて熱っぽく語るので、しばらく交際していたものの、関係は長く続かなかった。私の苛々したようすに彼女も傷ついたと思う。

自然派カルトとかオーガニック・カルトなどと呼ばれているものも力を強めていた。私の母にもその傾向があって、食べ物は野菜だらけだった。彼女自身はほぼ菜食主義で、それは母自身の問題なのでべつに良いのだが、家族のために料理を作ってくれると、「この料理にはふつうはこの野菜を入れない」ということが毎食あるのだった。たとえばカレーライスの具は玉ねぎと、ニンジンと、ピーマンと、大根だった。けっして「オシャレ」な料理を作ろうとしているのではなく、カレーライスなら子どもたちが喜んで食べるから、「ここぞ」とばかりに、ふだん子どもらが好んで食べない野菜をぶちこんだのだった。あるとき妹がモヤシが好きだと言ったら有頂天になって喜び、それから家族のために振るまう味噌汁は、毎朝お椀の8割くらいがモヤシになって、私は毎朝暗い気分でそれを食べていた。

ただし、私もその「自然愛好」の影響をかなり受けたと思う。私は小学生の頃から、同世代の友だちは誰も読まなかった手塚治虫のマンガが大好きだったが、それには手塚の死後しばらくして刊行された『ガラスの地球を救え』という地球環境のたいせつさを訴える新書を読んだことも影響していたと思う。日本では急速に「環境意識」が高まっていた。私が子どもの頃には当たり前だった街中でのポイ捨てが、急速に改善されて多くの道がきれいになった。私はごく自然に宮崎駿の、やはり環境意識の高さを窺わせるアニメ作品の熱狂的なファンになったが、それにしても日本人が向かった方向性にも、母の好みにも、共鳴していたと思う。

大学生になると、私はイギリスの作家D・H・ロレンスの『チャタレイ夫人の恋人』に現れた文明社会と自然状態を対立させる世界観に共感した。

「人間の世界は自分自身のひどい残忍さのために、現在のような運命になり下がったのだ。植民地へ移っても安全じゃない。月の世界へ逃げて行っても、振りかえれば、汚《けが》れた、残忍な、不愉快な地球が星々のあいだに見える。人間が汚したんだ。おれは恨みを呑みこんだような気分になる。胸がむかついてくる。そしてその恨みが内側からおれを食い破ってくるから、どこへ逃げても逃げきれないような気になる。しかしどうかすると、すっかり忘れていることもある。この三百年というもの、人間にどんなことがされてきたか。全く恥ずべきことだ。人間は働き蟻になってしまった。人間らしさはなくなり、ほんとの生活さえもなくなった。おれはもういちど地表から機械を消してしまいたい。そして工業時代を汚点として、それに完全に終止符をうちたい。しかし、おれにそんなことができるわけはないし、だれにもできないことなのだから、じぶんの平和を守って、じぶんの生活をする努力をしたい。生きていかなければならないというならばだ。それも実は疑ってはいるのだが」

（D・H・ロレンス『チャタレイ夫人の恋人』、四〇六〜四〇七ページ）

私は**自然豊かな沖縄の海と空と雲と島に惹かれて何度も訪れ、その山中に出かけては樹木や草むらの植物を触って慰められた。**自閉スペクトラム症者は人には共感しづらいが、物には共感しやすいと言われている。自然への没入感は多くの人より深いということも、私の自然愛好に関係していただろう。私はしかし、じぶんの自然愛好を母の影響として受容するのを拒んでいて、しばしば地球が生物にとって安全ではなかった太古の時代、酸素が原始生物に猛毒として作用した時代を思って、それが本来の地球の自然なのだ、と考えてみたりした。

自然派カルトの流れを汲んだ、コロナ禍で出現した反ワクチン派、反マスク派、参政党などの主張には共鳴できなかったが、「私もちょっとまちがったら、ああなっていたのかな」とは思ってしまう。

## 唖然とする陰謀論、極左思想、ネトウヨ言説

いわゆる陰謀論にも抵抗があった。二〇一〇年代になって、「コンスピリチュアリティ」という概念が提唱されたらしい。「コンスピラシー」（陰謀論）と「スピリチュアリティ」を結合させた語で、「陰謀論的スピリチュアリティ」と訳すことができるだろう。辻隆太郎によると、世界を支配しようとしている秘密の集団があり、それに対抗するには人類は

新しい存在に目覚めなければならないと考える最近の諸思想を指している（横山ほか『コンスピリチュアリティ入門』、一九〜二四ページ）。

地球の支配層の正体は異星から来た爬虫類人類だと見なすレプティリアン説が典型だが、識者からはそのような思想は昔からあったという指摘が出されている。宗教団体では辻が言うようにオウム真理教がそうだろうし、共産主義を敵視する統一教会や創価学会、「事物の体制」として国際連合を危険視するエホバの証人にも、じぶん自身や一族、人類の変革を訴えることも含めて、陰謀論的スピリチュアリティとの共通点があるように思われる。コロナ禍のしばらく前から話題になったQアノンや、コロナ禍のさなかに生まれた神真都《やまと》Q、参政党などは「よくそんな思想が支持されるもんだな」と、私にとって衝撃だった。

だが、**一見すると陰謀論にもスピリチュアリティにも距離があるように見えても、極端な政治勢力そのものが狂信に近いものではないだろうか。**イギリスの作家ジョージ・オーウェルは『動物農場』で、トロツキー追放後のスターリン体制をつぎのように風刺している。スクィーラーは、ヨシフ・スターリンの側近ヴャチェスラフ・モロトフを、スノーボールはレフ・トロツキーを、ジョーンズはロシア帝国を暗示している。

「〈牛小屋のたたかい〉ではかれは勇敢にたたかったよ」とだれかが言いました。スクィーラーが言いました。「勇敢だけでは足りない。忠誠と服従のほうが重要なのだ。そして〈牛小屋のたたかい〉について言えば、わたしの信じるところ、スノーボールの功績が大げさに言われすぎていたことがいずれわかるであろう。同志諸君、規律だ、鉄の規律だ！　それこそが今日《こんにち》の合言葉だ。一歩でも道を誤ったら、敵がわれわれを襲ってくる。同志諸君よ、たしかに、諸君はジョーンズがもどることを望んではおるまい」

（ジョージ・オーウェル『動物農場』、七一ページ）

私は学生時代にスターリンや中国の毛沢東が起こした災厄について調べて、共産主義に疑問を持った。その時期に、知りあいになった日本共産党の党員は、絵に描いたような陰謀論的思考を備えていた。

本書を執筆中にも日本共産党の党改革を求めた党員を除名したニュースが流れてきて、げんなりした。私には日本共産党もカルト団体に見える。斎藤幸平の『人新世の「資本論」』は興味深く読んだものの、この種の「マルクスの未知の可能性」本はだいたいそうだが、スターリンや毛沢東の問題にまともに向きあっていないので、信用するには足りないと考える。

他方で、ネトウヨ言説やそれに近しい精神性を共有した自由民主党や日本維新の会の政治家たちに対しては、共産主義者たちに対してよりも、ずっと嫌悪を感じている。かといってリベラルな政治勢力はなんとも頼りない、ということで私は選挙の際には、いつも投票先を変えながら消去法で候補者を選んでいるのが現状だ。

## ハイヤーパワー、ニーバーの祈り、引き寄せの法則

第8章で書いたように、アノニマス系の自助グループでは「神」や「ハイヤーパワー」を設定するが、私はこのような流儀をじぶんが主宰する自助グループで採用していない。しかし、アノニマス系の自助グループでよく使われる「ニーバーの祈り」（別名は「平安の祈り」）の考え方は、参考にすることが多い。

**神よ、私にお与えください、**
**じぶんに変えられないものを受けいれる落ちつきを、**
**変えられるものは変えていく勇気を、**
**そして、その違いを見わける賢さを**

「神よ」と超越的な存在に祈っているから宗教くさくなっているが、語られている願い自体は普遍的な価値を持つのではないだろうか。

自助グループをやっていると、「ポジティヴ・シンキング」によって苦境を乗りこえようとしている人が多い。関心を抱いて、この発想の源流を調べてみると、二〇世紀初頭のニューソート思想で活躍したウィリアム・W・アトキンソンあたりだと判明した。アトキンソンが語ることは一見すると、日本にもある「なせば、なる」の思想のようだが、実現の仕組みには「波動」が関与すると主張される。

望むことをいつも頭に描いていれば、その実現に向けて着実にあなたは成長し、そして夢は実現します。

「できるし、やる」の世界に住み続けていれば、いつのまにか新しい波動が動き出すのを感じ、それが結果を生むのを目にすることになるでしょう。

私たちは何かを考えるとき、目に見えないかすかな波動を送り出しています。この波動は、光や熱、電気、磁気などの波動と同じように実体をともなう現実的なものです。五感ではっきりと感じとることはできませんが、だからといって実在しないということにはなりません。強力な磁石から出る波動は重い鉄のかたまりさえも自らに引き寄せる力を持っていますが、目にも見えなければ、味もにおいもなく、音もしなければ、触れることもできません。

何を引き寄せるかは、心の中で何を強く思っているかによります。愛を思っていれば、他人の愛を引き寄せ、その思いにふさわしい境遇や同じ思いの人を引き寄せます。怒り、憎しみ、羨望、悪意、嫉妬が心にあれば、他人の心から出ている同じように卑しい思いを引き寄せますし、その卑しい思いが現実となったりする事態や、他人から同じような邪悪な思いを向けられたりする境遇を引き寄せ、不和をもたらす人をも引き寄せます。

月のように生きるのはやめましょう。／反射光に頼って生きるのはやめましょう。／行動を起こし、光り輝く太陽になりましょう。

（ウィリアム・ウォーカー・アトキンソン『引き寄せの法則　原典完訳』、一七、二三、二九、七八ページ）

しかし、引き寄せの法則を信じれば、失敗や不成功に見舞われたときに、信じる気持ちが弱かったからだということになってしまう。それではカルト的な宗教と同じになってしまうし、失敗した人や被害にあった人を非難する文化も育まれてしまう。「ポジティヴ・

シンキング」は「自助」の方策として危険なものと考えるほかない。

## 今後の日本はどうなるか（1）

世界史を見ても、日本史を見ても、世相が不安に染まった時代には、宗教熱が盛りあがっていたことがわかる。ヨーロッパでは紀元一〇〇〇年前後、一五〇〇年前後、一九〇〇年前後などに終末が噂され、宗教熱が盛りあがった。日本では平安時代末期からの鎌倉仏教や、戦国時代の寺社勢力の活躍、江戸時代末期から昭和時代にかけての新宗教ブーム、二〇世紀末の新新宗教ブームが良い事例だろう。

二一世紀前半の現在、日本では一般に宗教勢力が力を持つことは少なく、多くの日本人はじぶんの信仰状況を「無宗教」と答える。その理由として、日本では経済的に長らく停滞しているにもかかわらず、物質文化が成熟し、多くの日本人が現世で幸せになることができるから、ということが言えるのではないか。現世の自己実現を期待しづらい国に生きていれば、来世に期待するしかなくなる。だから貧困国や、あるいは先進国でも精神的な空虚感が強い国では、宗教熱が高まっているのだと思われる。日本の未来も、そうなっていくと私は想像する。

グレーさんは、経済的に恵まれていけば、宗教は少なくなるのではないかと答える。しかし現状で貧富の差が解消するようには見えないし、その点でカルト宗教はうまい仕組みを使っていると考える。

ちざわりんさんは、南無阿弥陀仏や南無妙法蓮華経が一世を風靡《ふうび》した戦乱の時代なら宗教の意義は大きかったんでしょうけど、現代ではどうなんでしょうね、と語る。

**ちざわりん**　エホバの証人の場合は、核家族化の時代の受け皿になっていたと思うんです。でも宗教がもてはやされる時代は終わりましたからね。最近のニュースを見ていると、今後は陰謀論、参政党、反ワクチン、Qアノンなどが栄えるのではないかという気がします。

**横道**　あとはネトウヨもですね。

**ちざわりん**　いまから二〇年ほど前、同僚の友人宅に行ったとき、小六の男の子の毛筆の書が貼られてあって、「中国死ね」と書かれていたのを見て、衝撃を受けたことを覚えています。

私も二〇世紀初頭に、初めてネット右翼の後輩たちと出会ったときには、かなりの衝撃を受けた。

ウリウさんは、**大学生のときにバブル時代だったが、「みんなで豊かになっていく」と**

**いう世間の発想は「カルト宗教のように狂信的だった」と振りかえる。**「みんながまともになっていく」という考え方自体に無理があり、世の中になじめない人を脱会支援などで救いだそうとするのは正義なのだろうか、と問う。「特殊な考え方が許されない社会って怖くないですか」とも語る。むしろ、おかしな人がウヨウヨいて、その上でうまく回っていくのなら良い世の中で、カルトにハマって生きざるを得ない人間は必ず一定程度いると思うのだと考える。ウリウさんにしても、若いときには親鸞会がなかったら生きていけなかったと、いまでも考えている。統一教会にしても、この宗教がなかったら生きていけない人たちはいるはずだ。じぶんたち一般社会にいる側が認めて、対話していくことが大事だと語る。

## 今後の日本はどうなるか（2）

ツキシマさんは、陰謀論が気になっている。身近な人にはそれらしい人がいないものの、インターネットを見ていたら、常識的な考えをしていた人でも途中から陰謀論にハマっている。やはり世の中に対する「しっかりした説明」を求めているのだろうと考える。ツキシマさんも創価学会にそれを求めていた。答えがわかると気持ち良く、安心する。

みほさんは「宗教自体を否定しない」と言う。何かに縋《すが》りたいのは当たり前のことだ。

アニメやアイドルに夢中になって、元気をもらっている人たちだって宗教の信者に似ていると感じる。

リネンさんは、家族や地域の縁が薄くなってきていて、ひとりで孤立して生きている人が増えているから、宗教的なものは廃れないと考えている。

あきこさんは「タイミングの問題」だと語る。

**あきこ**　私もそうでしたが、**宗教にハマった人でも、人生のどの時期に接触したかが鍵になります。たまたま嫌なことが続いて、救いの手が差しのべられたら、その手を取ってしまうということがありますから。**

寂しい、まわりにじぶんを認めてほしいという誰にでもある気持ちが、信者になる道を開いてしまう。摂理をやめた信者が陰謀論を広めるＲＡＰＴという新宗教がある。あきこさんは、その動向を見ていると、かつての信仰から抜けたけど、何かにすがりたい気持ちは変わらなかったんだろうなと感じていると話す。

はるかさんは、今後の日本がどうなっていくのかわからない、と率直に言う。コロナ禍になって、社会のあり方自体が従来以上に変わってしまった。不安になると、それまでとは別のつながりをどこかに求めてしまうのだ。

おそらく宗教であれ、オカルトやニューエイジであれ、その他のスピリチュアル系や自然派カルトであれ、自己啓発セミナーやマルチ商法であれ、陰謀論、極左思想、ネトウヨ言説であれ、それらに対して飛びつかないという心構えがもっとも重要なものになるのだろう。それは最近の日本でよく口にされるようになった言葉で言えば、イギリスの詩人・ジョン・キーツに由来する「ネガティヴ・ケイパビリティ」によって表現される。理由、事情、証明などをせっかちに手に入れようとせず、不確実さや不可解さのなかで宙吊りにされることに耐える能力のことだ（帚木蓬生『ネガティブ・ケイパビリティ』、三ページ）。宗教を筆頭とした上述のさまざまな信念や思想に飛びついたとき、人はおそらく「そこに究極の答えがある」と期待してそうしたのだろう。そのような**究極の回答はそもそも現世では手に入らない、と無駄な渇望を手放す**ことが、カルト的なものから身を守る砦《とりで》になる。

終章

# カルトとは何か

# カルト的な要素

カルト（cult）の語源はカルチャーと同じだが、より直接的な語源としては礼拝や崇拝を意味するフランス語culteがもとになっている。礼拝や崇拝はあらゆる宗教の核心にあるだろうから、すべての宗教がカルト性を内部に宿していると言って良いかもしれない。ただし伝統宗教は一般に、私たちの常識や日常を破壊しないようにさまざまな配慮をおこなっているし、またそうすることによってこそ長い時を超えて存続することに成功した。この配慮を考えるとき、伝統宗教もカルト的だと言うのは、やはり乱暴だと考える。

カルト宗教は、私たちの常識や日常に障害をもたらす反社会的な性質、人権蹂躪的な性質を持っている。第9章で記したように、宗教に近しいものとして、さまざまな非宗教的なカルト思想やカルト団体が世の中にはある。何をカルトと見なすかという問題に関して、それを反社会的、人権蹂躪的な性質を持つ思想や団体と規定するならば、私たちの多数がふだんカルトに無縁だと思っていたとしても、一〇〇〇年前の日本人の常識や日常は、私たちの社会意識や人権意識に対して、カルト的なものと映るはずだ。同様に、私たちの常識や日常もまた一〇〇〇年後の子孫たちにとって——いや、この情報社会の価値観の変化の早さを踏まえるなら一〇〇年後の子孫にとってすら——カルト的に見える可能性は高い。

このように**何がカルト的かという論点は、その時代や地域の常識や日常との相関関係に**

**よって変動していく**、というのが私の回答だ。

さらに言えば、カルト的と言える思想や団体にもカルト的ではない側面が含まれているだろうし、カルト的とは言えない思想や団体にもカルト的な側面が含まれていることは稀ではないと思う。本書で協力してもらったインタビュイーたちが所属していた教団のうち、統一教会、摂理、親鸞会は一般的にカルトとして論じられることが多く、エホバの証人はカルトとして論じることに躊躇する論者が多く、創価学会は欧米ではカルトと見なされたことがあるが、日本では一般にカルトと見なされない。**カルト的か否かは、その思想と団体に含まれた個々の反社会的な要素や人権蹂躙の度合いについて言えるもので、本来は特定の思想や団体をカルト的というのは不当なのだろう。**この考え方については、『信仰から解放されない子どもたち――#宗教2世に信教の自由を』（明石書店）で、塚田穂高さんと対話したことで、理解を深めていった。

しかしインタビュイーたちには、あえて「カルトとはどのようなものだと思うか」と質問をぶつけた。固有のカルト的な状況をじぶんで体験した人が、ほかのカルト一般に対するイメージでじぶんの体験を総合しながら紡ぐ独自性の高い語りを聞いてみたかったからだ。

## 世間からの隔絶、入口と出口、善悪二元論

ジャムさんは、カルトとはひとつの目的のために共同体を作って、固く関係を結ばせて、ほかの集団とは違う思考を持たせるもの、そして国家の法よりもカルト内でのルールを重視するものだと語る。だからエホバの証人をカルトだと考える。

リネンさんは、カルトは組織を崇拝させるものだと語る。**人の善意や真摯《しんし》に何かを求める気持ちを悪用して、じぶんたちの組織の目的を利する集団**。その団体を知らなかったらできていたことをできなくし、人生を奪ってしまう。エホバの証人では、最頂点に位置する「統治体」のプライドを保つために、多くの信者の人権が蹂躙されている。

ツキシマさんは、人を囲いこんで、ひとつの考え方で縛って、人を道具にしていくような集団をカルトだと考える。この考え方にしたがって、ツキシマさんは創価学会をカルト的だと考えるが、どのような集団であれ、そのような性質は付随するとも考える。

ネギトロさんは、「創価学会は世間ではカルトとは認められませんが」と前置きしつつ、個人が熱狂的かつ社会の常識から逸脱した仕方で信仰するものをカルトだと指摘する。

あきこさんは、カルトは定義されるべきではないと考える。定義してしまえば、それを破るようなカルトが出てくる。しかしあきこさんなりの定義はある。**「入口と出口を操作する集団」**だ。入るときに騙し、出口をわかりにくくしている。摂理だけでなく、カルト

と呼ばれる多くの集団は不誠実な仕方で勧誘し、そこから出られなくする。

ちざわりんさんは、善悪二元論に立って、じぶんたちが絶対に正しくて、ほかの集団がまちがっているという世界観を作るものだと語る。信者がゼロ百思考あるいは白黒思考を持っていると、罠にはまってしまう。善悪の基準が明快なので、ある意味ではスッキリしていて、信じている状況では幸せだと思う。

ウリウさんは、語る。

**ウリウ**　カルトは独善的な正義に依存している集団だと考えています。それは別な言い方をすれば、**人間の集団は、どんなものであってもカルトに陥る可能性があるということです。宗教に限らず、一般的な企業や役所でもそうです。正義を求めて、じぶんたちなりの正しさに依存している。どこにでもあることではないですか。**

私としては、この考え方にまったく同感する。独善的になってしまってはカルト的だ。そして「独善」とは、「善」の文字が入っていても、言うまでもなく「悪」の一形態にほかならない。

# 文学研究という分野との葛藤

第5章で書いたように、私はドイツ文学研究の世界を知るにつれて、選民意識、それと裏腹の劣等感、メサイア・コンプレックスによく出くわすようになって混乱した。私はやがてドイツ文学の作品ではなく、ドイツ文学研究（原語ではゲルマニスティクと呼ばれる）という分野そのものの成立史を知らなければならないと考えるようになった。それで眼をつけたのは、ゲルマニスティクの草創期に中心的な人物として活躍したグリム兄弟だった。

グリム兄弟（ヤーコプ・グリムとヴィルヘルム・グリム）は日本では「グリム童話」の作者というイメージで知られていることが多いが、グリム童話とは本来はドイツの昔話を意味している。彼らは昔話だけでなく、伝説、神話、迷信、ことわざ、民俗資料、法制史料、語彙《ごい》などを集めて、仲間と協力しながらゲルマニスティクを建設した。その際、グリム兄弟が敬虔なプロテスタントとしてじぶんたちの信仰を遵守《じゅんしゅ》する一方で、異様なほど「異教」にあたるゲルマン神話に入れこんでいることが気になった。そのような彼らの精神的内面性がどのようにして可能になっているかを、彼らの学問的後継者の活動も踏まえて明らかにする必要があると考えた。

そうして私は、はじめに研究していたムージルではなく、グリム兄弟とその学問的後継者たちの仕事の究明をテーマとして、博士論文をいちからやりなおすことを決めた。それが完成し、学位を取得できたのは、ムージルに関する修士論文を書きおえてから一八年後のことだった。修士論文の直後は、博士課程に在学中の三年以内に博論を仕上げようと意気込んでいたのだが、その六倍の時間を費やすことになったのは、いかにも発達障害者らしい展開だったと言えよう。研究するうちに、ヤーコプ・グリムにもヴィルヘルム・グリムにも深い愛着が湧き、とりわけヤーコプは自閉スペクトラム症の特性を強く持った人だったのだろうと考えるようになった。

ドイツ文学研究を含めて、文学研究は古典文献学から派生したものだから、いろんな文献を読みときながら考察を進めていく。グリム兄弟がやっていたことも同様だ。しかし彼らは多言語話者として各種の外国語文献を読解しながら研究したから、現在のドイツ文学者のようにドイツ語だけを（日本人の研究者ならば、あわせて日本語を）読みながら研究していたわけではなく、国際感覚に頭抜けたものがあった。活躍した領域も、現在ならば法制史、比較言語学、宗教史、伝承研究、歴史社会学などにまたがっており、学際性が高い。これらの現在のドイツ文学研究が失った特性を博士論文では追求することに熱中した。それはドイツ文学研究という分野に見てきたカルト性との、私なりの対決にほかならなかった。

博士論文を書いていた終わりの時期には、より広く文学研究という制度への疑問がふくらんでいた。私は日本人作家のうち、もっとも国際的な人気を獲得した村上春樹の人物像と作品を、日本文学研究としてではなく、各種の外国語を活用しながら、またメディア論の手法も導入しながら考察する研究を手がけるようになった。この方向性もまた、ひとりの作家やその作品群をひとつの研究分野の枠組みでのみ考察してきた従来の規範への疑惑から出てきたものだ。私は従来の文学研究にカルト宗教につうじる性質を発見しては、それと夢中で闘ったのだ。

村上が「カルトとの対決」をテーマのひとつに選んでいたことは、私にとって無視できない問題だったが、私なりのこの方面の問題に対する解答は、一連の研究では出せず、『みんなの宗教2世問題』(晶文社)に私の体験談を交えて初めて表明することになった。村上春樹はエホバの証人、オウム真理教、ヤマギシ会などを参考にしながら長編小説『1Q84』を書いたが、そこでは宗教を善悪の彼岸にあるものとして描いていて、人間たちによって運営された不完全な組織による人権侵害の問題だという点を軽視しているという論点だ。私のグリム兄弟論は『グリム兄弟とその学問的後継者たち――神話に魂を奪われて』としてミネルヴァ書房から、村上論は『村上春樹研究――サンプリング、翻訳、アダプテーション、批評、研究の世界文学』として文学通信から、いずれも二〇二三年に刊行された。前者は二段組で五〇〇ページ超、後者は一段組で四〇〇ページ弱の大著だ。

哲学、数学、天文学などは二〇〇〇年以上前から存在している分野だが、文学研究がはっきり成立したのは最近の二〇〇〇年ぐらいのことにすぎない。二〇〇〇年は長いと言えば長いが、古代からの歴史的連続性を有する学問に比べれば、だいぶ短いと言える。「若い学問」なのだから、従来は気づかれなかったさまざまな可能性が眠っているのではないか、たとえば文献学を離れた文学研究があるのではないか、と私は想念をめぐらせた。社会へのコミットメントをまじえて、「臨床文学研究」のようなものを作れないかと考えもした。その最初の実践が『みんな水の中──「発達障害」自助グループの文学研究者はどんな世界に棲んでいるか』（医学書院）になった。以降の著作でも、私は文学研究というジャンルの拡張あるいは変革に挑んでいる。**これらの一連の私の志向性は、私がカルト宗教の家に育ったという背景がなければ、発生しなかったことだと思われる。**

## 恋愛遍歴とソウルメイト

第9章で、オンラインで交流していて、やたらフィーリングが合うと思って会ってみたら、その人はスピリチュアル系を好む女性だった、という体験談を書いた。そのときに限らず、似たような経験は何度もある。相手は極左思想の父を持つ娘のこともあったし、どんぴしゃりで「じつはエホバの証人2世です」と告白してきた相手は複数名いる。エホバの証人2世ではない宗教2世のこともあった。しかも、いずれも私はエホバの証人2世だとは事前に打ちあけなかったのにだ。

**この「引きの強さ」は、私が宗教2世としての体験世界を固く内面化しているという事実と、明らかに関係しているだろう。**そういう相手に親近感を抱きやすいのだ。第3章で自閉スペクトラム症の特性ゆえに、「同類」をソウルメイトだと錯覚しやすいと書いたが、宗教2世としても同様の現象が起きてしまう。困るのは、そのような人々と交流していると、私の「地獄行きのタイムマシン」がめちゃくちゃに暴走するので、関係作りがうまくいくことはないということだ。

私は母の人格をかなりの程度じぶん自身にダウンロードしたと考えている。母はロマンティックな西洋趣味の人で、恋愛を非常に美化していた。私は少年時代にレトロな少女マンガの大収集家だったが、これは私の趣味ではあろうけれど——母はこのジャンルにまったく興味がなかった——、私なりに母の人生観を再演し、変奏してしまったのではないかと考えてしまう。

大学時代に読んだイギリスの作家エミリー・ブロンテの『嵐が丘』は、少女マンガのようで私は親しみを抱いた。実際は日本の少女マンガが、この作品のようだと言うべきだが、いずれにしてもヒロインのキャシーはじぶんの魂の伴侶と感じる少年ヒースクリフを思って語る。

あたしが人生で大切に思っていたのは、ヒースクリフだったの。たとえ他のものはみんななくなっても彼は消えないし、あたしも永久に消えないわ。また他のすべてがのこっていても彼が消えてしまったら、宇宙は巨大な、あたしとは無縁の存在になってしまうでしょうね。自分がその宇宙の一部だとは思えなくなるんじゃないかしら。エドガーにたいする愛は、あたしにはよく分かっているのよ。森の木の葉みたいなもので、時とともに変わるでしょう。冬が来れば木の姿が変わるみたいに。ところが、ヒースクリフにたいするあたしの愛は、土に埋もれた永遠の岩みたいなものなのよ――かろうじて見えるか見えないかといった、よろこびの源にすぎないとしても、必要なものなのね。ネリー、あたしはヒースクリフなのよ――彼はいつでも、どんなときにも、あたしの心の中にいるの――べつによろこびではないわ。あたし自身が自分にとっていつでもよろこびではないのと同じで。そうではなくあたし自身なのよ――だから、あたしたちが別れるなんていう話は二度としないで。そんなことはできないんですもの。

（エミリー・ブロンテ『嵐が丘』上、一八三ページ）

ここで「あたしはヒースクリフなのよ」と言ってしまうキャシーの激越な恋愛感情は、ロマン主義が栄えた時代には珍しいものではなかった。ドイツの詩人ノヴァーリスは結婚相手と見定めていた少女ゾフィーが成人せずに亡くなったあとに、彼女への激しい恋愛感情を日記に記しているが、それは宗教的なものへと、それどころか終末論的なものへと高まっている。引用してみよう。

愛は、世界史の最後の目的、宇宙のアーメンである。

（ノヴァーリス『日記・花粉』、六ページ）

この「アーメン」とは、よく知られているようにキリスト教徒が祈りの結びに語るもので、ギリシア語で「まことに（そう思っている）」を意味する。じぶんの恋人だった人への気持ちを、究極の宇宙的救済と重ねあわせているわけで、このような感情はダンテ・アリギエーリの『神曲』やヨハン・ヴォルフガング・フォン・ゲーテの『ファウスト』にも見られるものの、ここまで短い文言に、これほど気宇壮大な恋愛感情を封じこめられているものは、ほかにないのではあるまいか。

愛の崇高さを感じてしまうところだが、ノヴァーリスは恋人の没後にもてあました性欲に悩まされながらも、なんとか日常を営もうと努力していて、日記内の記述とはいえ、その率直さもまた私には好ましい。ゾフィーの没後三一日にはつぎのように考えている。

朝、情欲の発作があった。かの女のこと、ぼく自身のことについていろいろのことを考える。哲学。気分はかなり明るく、軽やかであった。こころざしは、かなりしっかりしていた。まだ弱いという気がする――が、一段の広がりと進歩が感じられた。モーリッツを読む。食事のとき、および食後は陽気で、よく喋った。

（同、二八ページ）

## 愛より親切を、不寛容よりユーモアを

おそらく私の愛への強烈すぎる希求には、母の世界観を取りこんだというだけではなく、私が反発しながら感じてきた宗教的な感覚を、つまり私が頻回に体験するフロー状態に見あったものとして選びとったという面もあるだろう。多くの宗教は、恋愛や性愛ではなくても、神や仏などの超越的存在に対する愛のような強い感情を、そして信者仲間や身近な人々への隣人愛のような強い感情を持つことを要求する。

だが、「愛」は人々を疲弊させる。愛だと思っていたものが病的な依存になる事例は多いだろう。第8章で、インタビュイーたちの多くが信仰は依存症に似ていると語っていた。そこで私は、アメリカの作家カート・ヴォネガットの箴言《しんげん》をむしろたいせつにしたい。

愛はどこにでも見つかる。それを探しにでかけるのは愚かなことだと思うし、また、有害になることも多いと思う。

世間の常識から見て、相思相愛の仲だと思われている人たちに——あなたがたがもし諍いを起こしたときは、おたがいにこういってほしい。**「どうか——愛をちょっぴり少なめに、ありふれた親切をちょっぴり多めに」**

（ヴォネガット『スラップスティック』、一一ページ）

信仰や愛に没入する人は、しばしばその真剣さのあまりに、不寛容に陥ってしまう。じぶんの信仰や愛を守ろうとするあまり、他者を拒絶し、寛容さを失ってしまうのだ。フランス・ルネサンスの時代にユマニスム（人間主義）を掲げ、宗教的不寛容と敵対したフランソワ・ラブレーは、奇想小説『ガルガンチュアとパンタグリュエル』で、かずかずの脱力系のユーモアを提示している。一六世紀のフランスでは、女性の肉体の美を称える「ブラゾン」というジャンルが流行して競作が発生し、やがて逆に女性の肉体の醜悪さを誹謗《ひぼう》する「反ブラゾン」も流行したという。この流れを受けて、ラブレーは男性の肉体をテーマとして、ブラゾンと反ブラゾンをともに提示する。ブラゾンとしては、「乳垂れふぐり、草模様ふぐり、巴西木《ブラジル》ふぐり、皮剝ぎ兎ふぐり、卵形ふぐり、お茶の間ふぐり、めえめえふぐり、水銀合金《アマルガム》ふぐり、代数《アルジエブラ》ふぐり」ほか多数。反ブラゾンとしては、「水こねふぐり、しょんぼりふぐり、強請《ゆす》られふぐり、虫食いふぐり、透明ふぐり、流産ふぐり、いんちきふぐり、仏頂面ふぐり、零々《ゼロゼロ》ふぐり」ほか多数だ（ラブレー『第三之書　パンタグリュエル物語』、一九五～一九九、二〇八～二一二ページ）。

このような他愛のないものをたいせつにしたほうがよいと主張するならば、第3章で批判した村上の考え方、宗教や哲学やアニメではなく小説を、という世界観に近づいてしまうのかもしれない。しかし私はむしろ人間の「情けなさ」にもっと目覚めるべきだと言いたい。村上は長編小説でじぶん自信を美化したような主人公をたくさん登場させつづけた作家で、この「情けなさ」の境地に立つことはついにできなかった。頭木弘樹の著作のように、作者ないし主人公が大便を漏らして絶望する——そのような作品を書くに至らなかった書き手が、村上春樹なのだ。

## 葦としての人間の尊厳

「情けなさ」の受容は、じぶんの弱さを受けれることでもある。もちろん、じぶんに危害を加える者がいたり、じぶんを苦境に追いやったりする者がいる状況があれば、それらは現実的な方法で解決するべきことで、ひたすら耐えるべきだなどと私は主張しない。

しかし、その上で私たちは、**やはりじぶん自身の弱さに耐えることを学び、特定の思想**

**や集団に寄りかかって支配されることがないように注意をしなければならないと思う。**フランスの思想家ブーレーズ・パスカルが言ったとされる「人間は考える葦《あし》だ」というテーゼは、広く知られたものだけれど、どのような文章のなかで語られたイメージなのかを、ほとんどの人は知らない。だから『パンセ』から引用してみよう。

人間は一本の葦にすぎない。自然のうちで最もか弱いもの、しかしそれは考える葦だ。人間を押しつぶすのに宇宙全体が武装する必要はない。一吹きの蒸気、一滴の水だけで人間を殺すのには十分だ。しかし宇宙に押しつぶされようとも、人間は自分を殺すものよりさらに貴い。人間は自分が死ぬこと、宇宙が自分より優位にあることを知っているのだから。宇宙はそんなことは何も知らない。

こうして私たちの尊厳の根拠はすべて考えることのうちにある。私たちの頼みの綱はそこにあり、空間と時間のうちにはない。空間も時間も、私たちが満たすことはできないのだから。

だからよく考えるように努めよう。ここに道徳の原理がある。

（パスカル『パンセ』上、二五七〜二五八ページ）

この「よく考えるように努めよう」というメッセージは、それだけではありきたりのものかもしれないが、宇宙全体と比べつつ、じぶんが弱くて小さいものだと意識しながら「考える」人は稀なはずだ。私たちは改めてそれをやってみても良いのではないか。じぶんの弱さと小ささに絶望して、神や仏やスピリチュアリティのような超越的存在を求めるためにではなく、神や仏やスピリチュアリティを掲げてやってくる人々に騙されないでいるために。

# おわりに

私はどの著作も私なりに全力を尽くしている。書きおわるたびに、精神的に打ちのめされてしまう。本書でもそれは変わらなかった。

もし読者が私の本を気に入ってくれて、「この本は横道誠のほかの本よりもすばらしい」と感じてくれたら、それは多くの点で、担当してくれた編集者と私による「協働」の成功として理解してほしい。今回の書籍を担当してくれた藤澤千春さんと私との協働を、読者のみなさんが気にいることを願ってやまない。

本書はインタビュイーのひとり、ジャムさんと出会うことがなければ着想することはなかった。ジャムさんやその家族との語りあいをつうじて、宗教1世の体験世界を宗教2世として総体的に理解することがどうしても必要だと考えるようになった。だから本書を闘病中のジャムさんに捧げたいと思う。

装丁はいまをときめく水戸部功さんにお願いすることができた。見事に仕上げてくれたことを喜んでいる。

二〇二三年一一月　横道誠

# 文献一覧

（言及、引用、参照を指示したものに限る。なお引用の際に原文の強調は省略した。）

朝日新聞デジタル「同性婚「認めるべきだ」65％　18〜29歳、86％　朝日新聞社世論調査」、二〇二一年三月二二日（https://www.asahi.com/articles/DA3S14841361.html）
アトキンソン、ウィリアム・ウォーカー『引き寄せの法則　原典完訳』、関岡孝平（訳）、ハンローリング、二〇一三年
アドラー、アルフレッド『人生の意味の心理学』新装版、岸見一郎訳、アルテ、二〇二一年
アレナス、レイナルド『夜になるまえに』新装版、安藤哲行（訳）、国書刊行会、二〇〇一年
安藤元雄（編）『北原白秋詩集』下、岩波書店、二〇〇七年
井伏鱒二『井伏鱒二全詩集』、岩波書店、二〇〇四年
ヴォネガット、カート『スラップスティック――または、もう孤独じゃない！』、浅倉久志（訳）、早川書房、一九八三年
ヴォルテール『カンディード』、斉藤悦則（訳）、光文社、二〇一五年
瓜生崇『なぜ人はカルトに惹かれるのか――脱会支援の現場から』、法藏館、二〇二〇年
オーウェル、ジョージ『動物農場――おとぎばなし』、川端康雄（訳）、岩波書店、二〇〇九年
大塚英志「『オウム』を超えるはずが…」『読売新聞』、一九九六年四月一日、朝刊、七面

大場弘行「旧統一教会：宗教2世ら1131人、アンケートに回答「安全に離れられる制度を」73％　野党ヒアリング」、『毎日新聞』二〇二二年一一月八日　朝刊、二三面
岡田尊司『マインド・コントロール』増補改訂版、文藝春秋、二〇一六年
荻上チキ編著『宗教2世』太田出版、二〇二二年
オットー、ルードルフ『聖なるもの――神的なものの観念における非合理的なもの、および合理的なものとそれとの関係について』、華園聰麿（訳）、創元社、二〇〇五年
恩田侑布子（編）『久保田万太郎俳句集』、岩波書店、二〇二一年
ガルシア＝マルケス、ガブリエル『純真なエレンディラと邪悪な祖母の信じたがくも痛ましい物語――ガルシア＝マルケス中短篇傑作選』、野谷文昭（編訳）、河出書房新社、二〇一九年
カンツィアン、エドワード・J／アルバニーズ、マーク・J『人はなぜ依存症になるのか――自己治療としてのアディクション』、松本俊彦（訳）、星和書店、二〇一三年
小池昌代（編）『吉野弘詩集』、岩波書店、二〇一九年
小松理虔『地方を生きる』、筑摩書房、二〇二一年
斎藤幸平『人新世の「資本論」』、集英社、二〇二〇年
櫻井義秀「新宗教の形成と社会変動――近・現代日本における新宗教研究の再検討」、『北海道大學文學部紀要』四六（一）号、一九九七年、一一一～一九四ページ
サルトル、ジャン＝ポール『嘔吐』、白井浩司（訳）、改訳新装、人文書院、一九九四年
ジェイムズ、ウィリアム『宗教的経験の諸相』上巻、桝田啓三郎（訳）、日本教文社、一九八八年

島崎周「就学前「むち打ち経験」7割　エホバの証人元2世信者が調査」、『朝日新聞』二〇二三年三月一六日　夕刊、一一面
島薗進『精神世界のゆくえ――現代世界と新霊性運動』、東京堂出版、一九九六年
島薗進／釈徹宗／若松英輔／櫻井義秀／川島堅二／小原克博『徹底討論！　問われる宗教と〝カルト〟』、NHK出版、二〇二三年
新世界訳聖書翻訳委員会（編）『新世界訳聖書（スタディー版）』、ものみの塔聖書冊子協会、二〇一三年
世界平和統一家庭連合（翻訳・編集）『原理講論』重要度三色分け、第五版第五刷、光言社、二〇二〇年
高橋睦郎『つい昨日のこと――私のギリシア』、思潮社、二〇一八年
チェーホフ『六号病棟・退屈な話　他五篇』、松下裕（訳）、岩波書店、二〇〇九年
チクセントミハイ、M『楽しみの社会学』改題新装版、今村浩明（訳）、新思索社、二〇〇〇年
千葉俊二（編）『鷗外随筆集』、岩波書店、二〇〇〇年
チャルディーニ、ロバート・B『影響力の武器――なぜ、人は動かされるのか』第三版、社会行動研究会（訳）、誠信書房、二〇一四年
筒井義郎／佐々木俊一郎／山根承子／グレッグ・マルデワ『行動経済学入門』、東洋経済新報社、二〇一七年
手塚治虫『アドルフに告ぐ』全四巻、文藝春秋、一九八五年
手塚治虫『ガラスの地球を救え――二十一世紀の君たちへ』、光文社、一九八九年

中西正司／上野千鶴子『当事者主権』、岩波書店、二〇〇三年
中野明『マズロー心理学入門――人間性心理学の源流を求めて』、アルテ、二〇一六年
並木伸一郎「南極のナチス第4帝国と地底UFO」、『ムー』二〇一四年二月号、学研プラス、一四～三七ページ
西田公昭『マインド・コントロールとは何か』、紀伊國屋書店、一九九五年
日蓮『日蓮大聖人御書全集』、『日蓮大聖人御書全集新版』刊行委員会（編）、創価学会、二〇二一年
ノヴァーリス『日記・花粉』、前田敬作（訳）、現代思潮社、一九七〇年
ハーフィズ『ハーフィズ詩集』、黒柳恒男（訳）、平凡社、一九七六年
ハイデガー、マルティン『存在と時間』、高田珠樹（訳）、作品社、二〇一三年
ハイヤーム、オマル『ルバイヤート』改版、小川亮作（訳）、岩波書店、一九七九年
パス、オクタビオ『弓と竪琴』、牛島信明（訳）、岩波書店、二〇一一年
パスカル『パンセ』上、塩川徹也（訳）、岩波書店、二〇一五年
ハッサン、スティーヴン『マインド・コントロールの恐怖』、浅見定雄（訳）、恒友出版、一九九三年
帚木蓬生『ネガティブ・ケイパビリティ――答えの出ない事態に耐える力』、朝日新聞出版、二〇一七年
ヒトラー、アドルフ『完訳　わが闘争』上　改版、平野一郎／将積茂（訳）、二〇〇一年
フーコー、ミシェル『言葉と物――人文科学の考古学』新装版、渡辺一民／佐々木明（訳）、新

潮社、二〇二〇年
藤谷悠「「ひきこもり学」を構想する二人のひきもり経験者の対話――当事者研究から共事者研究へ」、『日本オーラル・ヒストリー研究』一六号、二〇二〇年、一八七～二〇六ページ
ブッツァーティ『神を見た犬』、関口英子（訳）、光文社、二〇〇七年
ブロンテ『嵐が丘』上、小野寺健（訳）、光文社、二〇一〇年
ホーソーン『完訳　緋文字』、八木敏雄（訳）、岩波書店、一九九二年
ホーフマンスタール『チャンドス卿の手紙／アンドレアス』、丘沢静也（訳）、光文社、二〇一八年
ボルヘス、ホルヘ・ルイス『ボルヘス・エッセイ集』、木村榮一（編訳）、平凡社、二〇一三年
松本俊彦／古藤吾郎／上岡陽江（編著）『ハームリダクションとは何か――薬物問題に対する、あるひとつの社会的選択』、中外医学社、二〇一七年
マルクス・カール『ユダヤ人問題によせて／ヘーゲル法哲学批判序説』、城塚登（訳）、岩波文庫、一九七四年
宮沢賢治『農民芸術概論』、八燿堂、二〇二一年
ムジール、ローベルト『特性のない男』全六巻、高橋義孝／圓子修平ほか（訳）、新潮社、一九六四～一九六六年
村上春樹『村上春樹雑文集』、新潮社、二〇一一年
山田毅「声を聞いて・宗教2世　エホバの証人、子どもへの「むち打ち」はなぜ？　教団広報に聞く」、『毎日新聞（電子版）』二〇二三年一月五日（https://mainichi.jp/articles/20230102/

k00/00m/040/116000c)
横道誠『みんな水の中――「発達障害」自助グループの文学研究者はどんな世界に棲んでいるか』、医学書院、二〇二一年
横道誠『唯が行く！――当事者研究とオープンダイアローグ奮闘記』、金剛出版、二〇二二年
横道誠（編）『みんなの宗教2世問題』、晶文社、二〇二三年
横道誠（編著）『信仰から解放されない子どもたち――#宗教2世に信教の自由を』、明石書店、二〇二三年
横道誠『村上春樹研究――サンプリング、翻訳、アダプテーション、批評、研究の世界文学』、文学通信、二〇二三年
横山茂雄／竹下節子／清義明／堀江宗正／栗田英彦／辻隆太朗／雨宮純『コンスピリチュアリティ入門――スピリチュアルな人は陰謀論を信じやすいか』、創元社、二〇二三年
讀賣新聞オンライン「共産党また党員を除名…著書で志位委員長の退陣求め、党首選実施を主張した鈴木元氏」、二〇二三年三月一八日（https://www.yomiuri.co.jp/politics/20230317-OYT1T50364/）
ラブレー、フランソワ『第三之書　パンタグリュエル物語』改版、渡辺一夫（訳）、岩波書店、二〇一一年。
ロレンス『完訳　チャタレイ夫人の恋人』、伊藤整（訳）、伊藤礼（補訳）、新潮社、一九九六年
和田誠（訳）『オフ・オフ・マザー・グース』、筑摩書房、一九八九年
渡辺哲夫『知覚の呪縛』、筑摩書房、二〇〇二年

Ａｂｅｍａ「【虐待調査】「エホバの証人」元2世らの〝鞭打ち〟被害　6割がうつ病などの後遺症」、『アベマ倍速ニュース』、二〇二三年三月一四日（https://news.tv-asahi.co.jp/news_society/articles/000291453.html）
ＡＦＰ「「強迫的性行動症」は精神疾患、依存症かどうかは未判断　ＷＨＯ」、AFP BB News、二〇一八年七月一五日（https://www.afpbb.com/articles/-/3182545）

**横道誠**
（よこみち・まこと）
京都府立大学文学部准教授。1979年生まれ。大阪市出身。博士（文学）（京都大学）。専門は文学・当事者研究。単著に『みんな水の中――「発達障害」自助グループの文学研究者はどんな世界に棲んでいるか』（医学書院）、『唯が行く！――当事者研究とオープンダイアローグ奮闘記』（金剛出版）『イスタンブールで青に溺れる――発達障害者の世界周遊記』（文藝春秋）、『グリム兄弟とその学問的後継者たち――神話に魂を奪われて』（ミネルヴァ書房）などが、編著に『みんなの宗教2世問題』（晶文社）、『信仰から解放されない子どもたち―― #宗教2世に信教の自由を』（明石書店）などがある。

# あなたも狂信する

## 宗教1世と宗教2世の世界に迫る共事者研究

発行日　2023年12月2日第1版第1刷発行

著者　**横道誠**

発行人　森山裕之

発行所　株式会社 太田出版
160-8571 東京都新宿区愛住町22 第3山田ビル4階
電話 03-3359-6262
Fax 03-3359-0040
HP https://www.ohtabooks.com/

印刷・製本　株式会社 シナノ パブリッシングプレス

ISBN978-4-7783-1898-7 C0030

装丁　水戸部功

編集　藤澤千春

編集協力　脇みゆう